# 臺灣歷史與文化 研究輯刊

十 三 編

## 第 7 冊

台灣慈惠堂瑤池金母信仰研究

蔡 秀 鳳 著

花木蘭文化事業有限公司

國家圖書館出版品預行編目資料

台灣慈惠堂瑤池金母信仰研究／蔡秀鳳 著 — 初版 — 新北市：
花木蘭文化事業有限公司，2018〔民 107〕
目 4+160 面；19×26 公分
（臺灣歷史與文化研究輯刊十三編：第 7 冊）
ISBN 978-986-485-299-4（精裝）
1. 民間信仰 2. 臺灣
733.08                                                    107001585

ISBN-978-986-485-299-4

9 789864 852994

臺灣歷史與文化研究輯刊
十三編 第七冊                    ISBN：978-986-485-299-4

台灣慈惠堂瑤池金母信仰研究

作　　者　蔡秀鳳
總 編 輯　杜潔祥
副總編輯　楊嘉樂
編　　輯　許郁翎、王筑　美術編輯　陳逸婷
出　　版　花木蘭文化事業有限公司
發 行 人　高小娟
聯絡地址　235 新北市中和區中安街七二號十三樓
　　　　　電話：02-2923-1455／傳真：02-2923-1452
網　　址　http://www.huamulan.tw 信箱 hml810518@gmail.com
印　　刷　普羅文化出版廣告事業
初　　版　2018 年 3 月
全書字數　117364 字
定　　價　十三編 24 冊（精裝）台幣 60,000 元

# 台灣慈惠堂瑤池金母信仰研究

蔡秀鳳　著

## 作者簡介

蔡秀鳳 出生於 1960 年，台南市人，以新北市中和區爲第二故鄉，畢業於嘉義師專（嘉義大學前身），以〈台灣慈惠堂瑤池金母信仰研究〉爲論文，完成台灣師範大學台灣文學暨語言文學研究所碩士學位，服務教職 30 年，自幼即接觸宮廟之媽祖王爺，對台灣民間庶民信仰文化深具研究興趣，公餘，常至中和慈惠堂擔任義工，傳揚瑤池金母（母娘）普化工作，早期亦協助瑤池雜誌之編印，目前退休，全心投入金母教化宣導活動。

## 提　　要

　　台灣慈惠堂瑤池金母信仰，自民國 38 年在花蓮吉安鄉應機顯化崛起，至今已逾一甲子，數十年間拓展迅速，目前全台約 1000 餘間分堂，成爲台灣新興宗教，以花蓮聖地總堂、松山慈惠堂爲世所知曉。慈惠堂尊瑤池金母（或稱母娘）爲主神，著青衣，以《瑤池金母普度收圓定慧解脫眞經》爲教化寶典，宣揚金母教化法音並形塑信仰文化。

　　本文分五章

　　第一、二章述明信仰的緣起，闡述金母信仰的發源與靈驗事蹟、教義經典的確立、原生的信仰儀式。

　　第三章爲教派在台灣的發展脈絡，信仰的宣教活動，內含金母降示的類靈動煅身儀式，與宗教定位。

　　第四章爲神學淵源與教義精神，或融合地方發展的特色活動。

　　第五章結論，說明研究結果，與 21 世紀慈惠堂瑤池金母信仰在世界宗教文化的新展望。

　　宗教信仰爲人類自古以來的精神活動之一，在生活中扮演重要角色，慈惠堂瑤池金母信仰，已蔚爲台灣庶民生活文化一部分，期盼以信仰的信力與慧力建構平和社會、喜樂人間。

# 目 次

圖目次

## 表目次

# 第一章 緒 論

## 第一節 研究動機與目的

　　山巔水湄，一縷青煙，聲聲呼喚，愛兒歸鄉，似夢非夢的景象，依稀模糊卻又清晰，進入慈惠堂（簡稱母門）恍如昨日，卻已 20 多個年頭，從踏入的那一步開始，就註定無法分離的因緣，「瑤池金母」、「王母娘娘」、「母娘」一般人這樣稱呼祂，知識份子稱他「西王母」、「金母元君」，不同的稱號卻顯揚同樣的精神；慈悲濟世、救渡世人。

　　瑤池金母的信仰系統崛起於民國 38 年（1949）（David K. Jordan & Daniel L. Overmyer, 2005〔1965〕：113），在花蓮顯化〔註1〕興起，以醫療去病、強身健體、消解災厄的靈驗事蹟及引信眾（羅臥雲，1967；慈惠堂史，1979），國內外凡以慈惠堂命名者，皆是以瑤池金母為主祀神靈，〔註2〕並稱呼花蓮開基地為聖地慈惠堂，（今花蓮市吉安鄉勝安村慈惠三街 136 號）以「慈惠堂」命名也是金母御降金言曰：

　　　　慈心渡世降瀛東，惠澤紅塵化碧宮，

　　　　堂戒嚴明宜謹守，命名永記眾心中。（羅臥雲，1967：85）

又賜對聯「慈幽威震無私陽山渡，惠境降臨普照綠野生」橫批「王德淵源天地母」，而得名之，慈者，慈母、慈悲、慈懷、慈愛，「慈惠堂」即是以此精

---

〔註1〕顯化，開啟信仰的緣起，第二章予以詳述顯化的緣由，與李豐楙茂教授研究道教歷史發展認為道教勃興與「開劫度人」解救世厄有關，慈惠堂瑤池金母信仰的興起在時空背景上與道教勃興有相似的意涵。

〔註2〕《花蓮聖地慈惠堂　總堂簡介》民國 94 年修編，慈惠堂供奉『無極瑤池大聖西王金母大天尊』為主神，俗稱『瑤池金母』、『金母娘娘』。

神惠彼眾生的聖堂。（羅臥雲，1967：85）

慈惠堂是戰後台灣本土原生的教派，〔註3〕至 1997 年 12 月分堂遍布全台達 804 堂（王見川&李世偉，2000），至 2004 年全台則有 900 多間分堂，將近 1000 間，（朱慧雅，2004），還有一些是自行開堂，並未申請登記的，〔註 4〕短短 50 多個年頭，將近一甲子，建構出信仰的教義系統，迅速發展其宗教勢力，學者董芳苑（1983）、鄭志明（1984）、李亦園（1985）、瞿海源（1989）以時間、空間、信仰內容、特性，為新興宗教的判斷依據，將慈惠堂定義為民間的新興教派，認為新興宗教的快速成長，不僅是重要且是值得注意的現象，慈惠堂在台灣社會掀起了信仰的風潮，擁有如此龐大信眾的教派，卻相對少於被列為研究主題，以林美容編輯的《台灣民間信仰研究書目》而言，教派宗教部分以一貫道所佔比例最高，長達 4 頁半，慈惠堂僅佔不到一頁，其他新興教派軒轅教、天德教、弘化院份量就更少了。

學術界關於瑤池金母的研究側重在神格源流與定位、神話傳說與演變，有李豐楙（1987）、魏光霞（1994）、鄭志明（1997）、翁雪華（2000）、黃才容（2001）、賴宛敏（2001），而以慈惠堂為研究對象則有八篇論文分別為：一、信仰活動、神職人員研究（彭榮邦，2000；許雅婷，2000；余安邦，2003）、二、發展與神學內涵（胡潔芳，2000；陳文斌，2004），三、信仰群眾（蔣美枝，2004；蔡志華，2002；朱惠雅，2004），透過這些研究學術界對慈惠堂瑤池金母信仰已有初步認識。

慈惠堂從崛起、茁壯，透過吸納與傳布，發展至今一甲子，在台灣社會擁有龐大的信仰勢力，其信仰活動的特色也引起國外人類學家的關注與震憾，1969 年「加拿大英屬哥倫比亞大學亞洲研究學系中國研究中心」教授歐大年（Daniel L. Overmyer），到台北出席一次有關中國社會的學術研討會，卻因緣際會接觸到慈惠堂，當下震攝慈惠堂的信仰特色——煆身、靈療及王母娘娘勸化世人即時修行，能夠再回到天上的教化。因此歐大年於 1973 年到花蓮總堂〔註5〕拜會並進行田野調查，1974 年於多倫多加拿大亞洲研究學會年度

〔註 3〕 在台灣發源，雕出第一尊神尊，而非從大陸分靈或延請神尊或有傳人而發展出信仰。

〔註 4〕 民國 97 年 7 月 12 日向總堂詢問達 1200 餘間，以每年進香期（農曆正月初三至三月中旬）登記住宿初步估計信徒約 300 萬。

〔註 5〕 自加入道教會後，花蓮總堂即改稱聖地慈惠堂，目前皆以聖地慈惠堂稱之，但也有信徒以總堂稱謂之。

會議提出一篇有關慈惠堂的論文，後來又與加州大學聖地牙哥分校人類學系教授焦大衛（David K. Jordan）合作，焦教授針對台南一個慈惠分堂的信仰活動——扶鸞，做深入的田野調查及訪談，兩人於 1986 年完成《The Flying Phoenix/Aspects of Sectarianism in Taiwan》一書，〔註6〕書中對慈惠堂瑤池金母信仰也有相當程度的研探。

慈惠堂在新興宗教中是蓬勃發展的教派，各地分堂對教義的認知與實踐發展如何？各地區因社會結構的不同或文化背景的差異，產生怎樣的信仰活動特色？發展至今，慈惠堂信仰活動的原型與轉型？組織如何？瑤池金母信仰在地方上塑造了怎樣的信仰文化？契子女心目中的母娘是什麼意涵？以上皆是值得再探討的問題，但學者全面向的關注並不多。

透過對慈惠堂瑤池金母信仰多面性的研究與釐清是本論文的研究動機，因此本文的研究目的，旨在探討瑤池金母的顯化、靈驗事蹟，成立慈惠堂的由來，其次探討慈惠堂在台六十年的發展，快速的擴充信仰勢力，其間政治的介入、知識份子的宣揚，成為道教的支派。信仰的內涵、信仰的定位、信仰活動的特色，是研究的主題。最後研探被奉為慈惠堂教義經典的——《瑤池金母普度收圓定慧解脫真經》的神學思想與真實意涵，以奠立、凝聚瑤池金母信仰的內部動力。

希望透過這樣的研究，讓社會大眾瞭解發源於台灣本土新興教派的發展脈絡與型塑的台灣信仰文化，除了認識台灣的多元信仰與其具有特色的信仰活動，進而期望以信仰的信力與慧力建構和樂家庭，帶動祥和人間的到來。

## 第二節　文獻回顧

瑤池金母神格、神話的研究，以李豐楙〈西王母五女傳說形成及其演變——西王母研究之一〉（1987）、〈漢武內傳研究〉（1986）、〈多面王母、王公與昆侖、方諸聖境：從古神話到六朝上清經派空間神話的考察〉（2002），從歷史文

---

〔註 6〕1986 年完成的《The Flying Phoenix/Aspects of Sectarianism in Taiwan》為英文原著，由普林斯頓大學初版發行，中譯本於 2005 年由香港中文大學出版發行，名為《The Flying Phoenix/Aspects of Sectarianism in Taiwan——飛鸞——中國民間教派面面觀》，現在看到的大都是中譯本，本論文以 2005 年中譯本為參考資料。

獻溯源最具考證地位，極具參考價值。其他亦有相關學者的研究，〔註7〕本論文旨在探討慈惠堂在台灣的緣起與發展，又以「慈惠堂」命名的廟堂，皆是以瑤池金母為主祀神靈，因此關於慈惠堂瑤池金母信仰的研究，文獻探討分為三部分：第一部份慈惠堂信仰的源起與教義，第二部份慈惠堂的發展與信仰活動，第三部分慈惠堂的經典與神學基礎。

## 一、慈惠堂信仰的源起與教義

（一）有關慈惠堂的緣起與教義，被奉為經典的是教內出版品《瑤命皈盤》（羅臥雲，1967），也是最早記述慈惠堂源起與感應事蹟的著作，內容分為兩部分，一為詳述瑤池金母在花蓮吉安鄉降靈顯聖的始末，終於感動信眾共同成立慈惠堂，並敘述信仰的核心教義——《瑤池金母普度收圓定慧解脫真經》的來源，二為慈惠堂系列兩大分堂：法華山慈惠堂、寶華山慈惠堂的創立過程，及一些瑤池金母信仰瑤池金母／母娘的感應事蹟。

《瑤命皈盤》一書，作者為羅臥雲，自稱法華老人，是法華山慈惠堂創任堂主，本是一名文具商人，因長年痼疾纏身，經人引薦而信仰母娘，後因焠身治好長期困擾的心臟疾病及頭昏，民國51年（1962）受母娘指示編著《瑤池金母救世聖蹟之真傳史》，命名為《瑤命皈盤》，於民國56年（1967）完成，並出版發行。《瑤命皈盤》一書可說建構了慈惠堂的信仰基礎，是瞭解瑤池金母信仰緣起，與原生教義、核心思想不可或缺的重要著作。

〔註7〕西王母的研究論文或單篇論述將羅列在參考書目，陳立斌在其《台灣慈惠堂鸞書研究》碩士論文中，歸納各學者關於西王母的神格研究，分成四個階段：一、神話階段：先秦至兩漢，西王母的形象是半人半獸轉變為天帝之女，居住在昆侖樂園，有三青鳥為其取食，並擁有不死之藥，二、道教階段：東漢末年至宋代的西王母，在上清派諸多道經的增添下，成為位居三清，統御群仙的至上神，五代道士杜光庭將道經中西王母的形象貫通整編於《墉城集仙錄》——〈金母元君傳〉該書是西王母道教化最成熟的代表作，三、明代羅教階段，羅教為明代羅清所創，以無生老母為信仰核心，四、民國鸞堂階段，民國初年流通的鸞書《玉露金盤》（1880）、《洞冥寶記》（1920）、《蟠桃宴記》（1934）將無生老母與道教金母元君的形象結合，台灣鸞堂降乩扶鸞時也有諸多稱號「至聖先天老母」、「無極混元瑤池金母」、「無極瑤池老母」、「無極瑤池金母」又分玉旨、懿旨兩派，聖地慈惠堂發給各慈惠堂的是「懿旨」。在不同時空應現不同稱號，但基本精神是共通的，因此慈惠堂「瑤池金母」從神話轉出到道教「西王母」再與羅教「無生老母」融合到現在「無極瑤池金母大天尊」、「無極瑤池大聖西王金母大天尊」或更貼近親切的稱呼「母娘」。

　　《瑤命皈盤》詳述了瑤池金母信仰緣起的神話、教義、儀式、建立了成
為一個宗教的架構，但歷來研究者卻未針對其內容多加著墨，僅作為緣起的
參考，尤其在原生信仰活動──金母降下的健身煉體功夫（早期慈惠人稱為
煅身、訓身）並未加以注意，或與今日各分堂的信仰活動加以比較，書中提
到金母顯化後，指示採桃筆扶鸞教化契子女，依《瑤池金母普度收圓定慧解
脫真經》參研修行，被奉為教義的經典傳達何種文化意涵？宣示契子女怎樣
的修行方向？各地慈惠堂契子女型塑的信仰文化與原生教義的異同，均可提
供研究者再深入探討，代表虔誠信仰的服飾──青衣，其意涵在書中清楚的
表達，由儀容所建構的個人信仰動力、社群標記，也是值得研究的問題。

　　（二）學者焦大衛和歐大年（2005〔1965〕）在 1969 和 1973 年間透過收
集慈惠堂相關史料與短期田調，發現慈惠堂的緣起與發展有三種不同說法，
雖然敘述有歧異之處，但地點、時間、及形成日期的人物方面卻是一致的，
並且發現信仰的成員幾乎是台灣人，其中又以客家人居多，信徒中女性多於
男性，認為慈惠堂信仰呈現創世和救世神話，由實際參與觀察中歸納出信徒
透過集體禮拜、神靈附體可以得到救贖，分堂以有組織的方式進行宣講鸞文、
通靈治病、散發經書，達到利人利己的信仰宗旨，並以穿著青衣來代表虔誠
與誓忠，也採集到慈惠堂的信仰特色──降僮和跳神（與《瑤命皈盤》健身
煉體功夫類似），這樣的儀式只要向金母擲杯即可進行，靈媒大眾化，使人產
生神受的榮譽感，更是連結契子女〔註8〕與母娘的強力接著劑，更從一個分堂
的信仰活動──扶鸞，研究信徒的精神層面及所處的文化背景、社會結構，
是研究「鸞生」、「鸞堂」、「正鸞」的重要田野資料。

　　焦大衛&歐大年是著名人類學家，也是最先研究慈惠堂信仰的外國學者，
他們以科學理性的態度投入異文化的信仰研究，也以異文化的觀點對慈惠堂
的扶鸞與跳神做深入的心理、生理觀察並記錄詳盡，提供研究者一個進入田
調的視窗，以文化人類學家及宗教研究者的身份，他們著重在信仰的文化層
面，探討與個人文化內涵影響信仰活動的參與態度，提出每個人信仰的內在
本質存在著相當大的差異，此種論點有助研究者探究各地區慈惠堂信仰文化
發展的個別差異，提供研究社會結構與地域文化差異，所造成相異的信仰文

────────────

〔註8〕只要是瑤池金母的信徒以契子女自稱，羅臥雲《瑤命皈盤》1967，P70～71
　　　　──未幾即收有三十多名男女信者，皆稱為「契母契子」其中並有契弟、契
　　　　妹、契子、契女、契孫、契孫女等。

化及活動有利的參考範本。

（三）《慈惠堂史——瑤池金母發祥 30 週年紀念冊》（姜憲燈，1979），主要內容是慈惠堂的發展史，列述當時各分堂的創始人及該堂的發展，同時描述慈惠堂歸屬道教會的源由，最後紀錄創教神話、神蹟靈驗故事、教義宣揚等，慈惠堂史與瑤命皈盤二書有部分相似之處，對瞭解慈惠堂的緣起、元老堂、及走入道教會的始末是有助益的參考資料。

（四）竹山慈惠堂堂主——林國雄，代表慈惠堂信仰的知識份子，在瑤池金母信仰的歷史溯源及神學基礎探研上不遺餘力，認為以此可以建立慈惠堂的正信，在《西王金母聖略之研究》一書中，依金母之聖號、化生、聖位、師承、聖居、聖儀分別論述，且收集與金母信仰有關之經懺、玄籙、丹鼎、辭詠多篇（廖靜寬&林國雄，1987；廖靜寬&林國雄，1989）。亦論述漢武帝之道業及其領受自西王金母的聖戒，兼論道教演化之軌跡，書中多篇義理及辭詠，希冀與西王金母信仰互相呼應（廖靜寬&林國雄，1992）。

試圖建立新疆天山瑤池為金母信仰的第二聖地（第一聖地為花蓮），林堂主認為西王金母的信仰自漢武帝元封元年起（西元前 110 年）至今已有 2000多年，淵源流長，甚至早在戰國時代就已有文字記載，書中並選用多篇學者的文章作為聲援，介紹神學名詞解釋，希望瑤池金母信仰與大陸香火聯結的意味甚濃。

林國雄的論述屢見從歷史溯源，奠定瑤池金母信仰的神學意涵，提昇信仰的地位，將帶有靈驗傳說的慈惠堂信仰從民間教派走入正式的宗教，藉由他所撰述的一系列叢書，打動知識份子的心靈，拓展慈惠人的視野，帶有宗教人慈悲奉獻，與一定程度改革的想法，強調瑤池金母的歷史發展淵源，尋求正史定位，有助排除金母信仰的阻力，在研究時可提供瑤池金母信仰緣起與歷史脈絡的另一個觀點，但對發源本土的時空背景與教義思想，卻是缺乏深入探討，尤其對社會文化之影響亦即少關注。

（五）〈台灣瑤池金母信仰研究〉（鄭志明，1984），鄭氏注意到 1945 年以前的宗教文獻並沒有「瑤池金母」信仰神祇的記載，他認為慈惠堂「瑤池金母」應是源自民間教團主流——羅教的「無生老母」信仰而來，在興起時間上是光復後在台創立的新興宗教（蔣美枝，2004），也是信徒 10 萬人以上的大型民間教派，慈惠堂與儒宗神教、一貫道的教義宗旨大同小異，不離——「原人降世——迷途——歸返」三段原型，雖然諸多相異稱號——「至聖

先天老母」、「無極瑤池老母」、「無極瑤池金母」、「無極混元瑤池金母」、「天母至尊無極老母」，實質內涵出入不大，介於儒宗神教、一貫道二者之間，以公開方式傳教，設堂建廟、扶鸞著書。文中亦將瑤池金母與道教西王母做相關連的探討，並透過慈惠堂的信仰來觀察台灣的宗教環境。

鄭志明此篇論述將瑤池金母信仰的緣起作了一個簡要的介紹與比較，仍然偏重於瑤池金母與信仰教義的來源，對慈惠堂本身的信仰活動幾乎沒有介紹，第五節「瑤池金母信仰與台灣宗教環境」，剴切陳述瑤池金母信仰在台迅速發展的因素，雖然簡略但可窺出端倪，正視慈惠堂的潛力與發展性，及成為研究主題的重要性。對「瑤池金母」名號在民俗及經典的淵源，整理得鉅細靡遺，但對當代瑤池金母信仰現象的社會意義，卻未提出解釋，其所形成的社會文化意識亦很少提及。

## 二、慈惠堂的發展與信仰活動

（一）《慈惠堂的發展與信仰內涵之轉變》（胡潔芳，2000），是國內第一篇專門研究慈惠堂的碩士論文，旨在研究瑤池金母 50 年來形象與意義的轉變，同時指出慈惠堂朝向道教發展的原因，以林國雄為主要報導人，認為母娘信仰的形成是陶熔改鑄羅教無生老母的神話、與台灣崇尚女神信仰的有利條件，並將教義經懺——《瑤池金母普度收圓定慧解脫真經》的神學內涵與民間神學接枝，將瑤池金母信仰納為道教支派的始末源由做了極為詳細的探討。

胡潔芳與林國雄的論點相近，都是將慈惠堂的神學思想建構在西王母、無生老母，意圖提升信仰的地位，將慈惠堂發展為有制度有組織的宗教團體，尤其納為道教丹鼎派、瑤池派，更是彰顯其對信仰定位的企圖心，對慈惠堂在台灣的發展脈絡與進入道教的源由描述詳盡，也是相當重要的參考資料，但未對各分堂的文化背景差異及客觀環境的異同作分析，且無探討到信徒的信仰狀況與信仰活動的原型或轉型。

（二）在〈宗教療癒與行動倫理：以北縣 SH 慈惠堂的靈媒系統為例〉（余安邦，2003），的學術研討論文，以慈惠堂的靈媒系統為觀察對象，探討台灣民間社會的文化援助網路。靈媒及通靈經驗一直是相當神秘的文化現象，論文以台灣民間流傳已久，且近年有愈來愈盛的慈惠堂為研究田野，主要是將神秘的宗教經驗，及圍繞這個經驗，所建構出的台灣民間漢人社會特有的文

化現象，視爲一種宗教的社會網絡系統及文化療癒機制。針對這個文化療癒機制，以及以它爲核心的社會援助網絡，提出新的視野與看法。

療癒的功能是瑤池金母信仰源起的核心價值之一，也是信仰勢力拓展快速的重要原因，在早期醫療資源缺之的年代，民間信仰的通靈者扮演靈療的案例不乏可見，時至今日醫學知識普具，健保實施，靈療雖被斥爲迷信，但仍然留傳，這是漢人社會一種信仰文化現象，此篇論文提供靈媒通靈問事在各慈惠堂的實施狀況參考，這樣的法事在信仰中存在的地位與價值、與信徒的連結姓，都是文化面向研究的重要參考資料。

（三）《母娘與衪的兒女——慈惠石壁部堂宗教人的經驗世界》（許雅婷，2002），以花蓮石壁部堂爲田調現場，從契子女與母娘做靈的交流的神秘經驗，來探索、發現慈惠堂以訓練契子女打坐、靈動、訓身、自發性靈療，爲主要修行活動，透過說天語、寫天文與神靈溝通，針對契子女集體進入恍忽入神的狀態，分析比較童乩、尪姨、鸞乩的角色，梳理慈惠堂屬於何種宗教文化的脈絡，綜合結果發現應該屬於靈乩系統，以「靈的象徵」詮釋夢、神話、三世因果、宇宙感的靈知系統。

慈惠堂的信仰文化活動——問事、祭煞、牽亡、超渡法會，在石壁部堂透過許雅婷的親身入駐、貼身觀察一一呈現出來，對未知的屬靈現象，一直是人類探索與好奇的神秘世界，從個人的生命故事、受苦經驗，進入瑤池金母的信仰系統——神授靈動的文化是扣緊信仰的內在動力，石壁部堂曾以「牽亡」聞名台灣（彭榮邦，1999），也是慈惠堂信仰活動的一大特色，此篇論文對於探討瑤池金母信仰的療癒、牽亡、啓靈等文化活動，在契子女心裡形成的信仰連結做了詳盡的研究，是研究慈惠堂信仰活動特色的重要參考資料，但走出石壁部堂，做更多靈乩的分堂交流，仍是可以探研的方向。

（四）《彌陀慈惠堂乩示活動之研究》（蔡志華，2003），以彌陀慈惠堂乩示活動爲主，針對 2895 位請示者做訪查，發現請示者以 31～40 歲的年齡層爲最多，男性以請示事業運途的人次最多，女性則以請示身體的爲最多，從乩示活動中探討聖示的內涵、特色，與包含的文化意涵，讓信徒產生精神寄託，以勸人爲善、謹守孝悌、強調家庭圓滿和樂爲宗旨，有濟世渡化的功能。

各地慈惠堂各有其核心信仰活動，每一個慈惠堂各有其特色和興起的因緣，有者以誦經——《瑤池金母普度收圓定慧解脫眞經》爲主要信仰活動，有者扶鸞宣講，有者以問事濟世著名，不同的信仰活動型塑不同的信仰社群

文化，全文偏重乩示活動的社會現象的解釋，較疏於理論基礎的探究，但對慈惠堂地區性信仰活動的文化意涵研究，善盡功夫，探討慈惠堂在地方的信仰實踐，是值得參考的資料。

（五）《岡山慈惠堂信仰之研究》（蔣美枝，2004），以地區性的慈惠堂信仰作研究對象，首先探討岡山鎮各慈惠堂的發展，繼而針對單一的岡山慈惠堂作信徒的信仰活動分析，與探討信仰母娘的原因，進而發現岡山各慈惠堂信仰活動會隨時代變遷做適度調整，以符合信徒需求，同時發現慈惠堂經過50年的發展，可說成為融合儒、釋、道三教的信仰，對慈惠堂信仰50多年來在岡山地區的發展與實踐，提供了一個清晰概貌。

藉由慈惠堂地區性信仰的發展與調整，提供研究者了解信仰文化在地區的變異現象，是否其他地區也出現轉變？瑤池金母信仰傳揚至今，其信仰儀式、教義、經典詮釋、修行活動原型與變型？各地區異同何在？目前信仰活動的重心是什麼？此篇文獻除了成為參照比較的樣本，也是瑤池金母信仰的交流與認識。

## 三、慈惠堂的出版品與神學基礎

（一）《台灣慈惠堂的鸞書研究》（陳立斌，2004），旨在研究 50 餘年來慈惠堂出版的鸞書，分為：1.經懺類鸞書——闡述形而上真理，2.雜誌類鸞書——形式活潑、內容多元，刊載定期扶鸞的鸞文，寓教於樂，屬通俗教化類鸞書，3.分堂出版鸞書——以挽救沈淪、終極關懷為導向，來凝聚堂生對慈惠堂信仰的信度。透過對鸞書的解讀，分析早期慈惠堂的神學基礎及教義傳播，中期是藉由鸞書凝聚堂生的向心力，近期則是宣揚母娘的救劫運動，最後作者提出對慈惠堂發展的一些看法。

宗教的四大元素——神話、教義、儀式、典禮（Emile, Durkheinl.，1992）或儀式、信仰、教義、組織（蔣美枝，2004），鸞書代表慈惠堂信仰的內部文化涵養，也是成為宗教的神學基礎，慈惠堂本身即出版三大類三十八部鸞書，（陳立斌，2004）如此豐富的神學內容，提供研究型塑瑤池金母信仰文化內涵的重要參考資料。

（二）《台灣恩主公信仰》一書中（王志宇，1997），將儒宗神教產生的歷史、發展、祭祀、活動、神學體系做一系列探討，並與慈惠堂、一貫道做比較，因為三個教派均有扶鸞的活動，三者在神學思想有共通的架構（三期

末劫、九六原靈等概念），但組織發展與經典來源並不盡相同，以一章節將慈惠堂教派的歷史與教義思想，以主題的方式逐步呈現資料並進行分析。

慈惠堂緣起的信仰活動之一便是扶鸞，尤其鸞筆無人扶做而自動浮字的神蹟（羅臥雲，1967：86），正是感動契子女的原生信仰動力，透過鸞筆宣揚母娘教化與渡世的宗旨，神人共感、天人合一也是凝聚瑤池金母信仰的模式之一，教義神學是信仰傳播的內容與基石，雖然資料稍嫌不足，但仍然提供研究者了解慈惠堂經由扶鸞呈現的神學思想的參考。

綜合學者們諸多論述，不論在教義溯源、歷史發展或探究信仰活動，均有研究範例，如岡山慈惠堂信仰活動、彌陀慈惠堂乩示活動，都是以單一分堂為研究對象，做信仰活動的深入研究，提供研究者不少參考資料，但慈惠堂發展至今六十年，屆滿一甲子，各地分堂對教義的認知與實踐發展如何？各地區因社會結構的不同或文化背景的差異，產生怎樣的信仰活動特色？發展至今，慈惠堂信仰活動的原型與轉型？組織如何？瑤池金母信仰在地方上塑造了怎樣的信仰文化？契子女心目中的母娘是什麼意涵？以上皆是值得再探討的問題。

## 第三節　研究方法

本研究是慈惠堂瑤池金母信仰在台灣發展與型塑信仰現象的研究，慈惠堂是台灣的新興宗教團體，具有民間信仰般的普遍性，卻又發展出自身的獨特性與信仰文化，因此研究這樣的信仰團體，除了幫助我們認識發源於台灣本土的宗教信仰，及多元的信仰文化與特色，也了解慈惠堂對台灣社會的影響力。

筆者在婚後經友人的引介下進入慈惠堂，其間因自己的小孩嬰兒時期夜哭不止或不明原因吵鬧不休，進而接觸到「收驚」、「制解／改」、「點光明燈」、「安太歲」、「祈安禮斗」、「煆身」、「扶鸞」、「超拔法會」、「總堂進香」，在陸續參與信仰活動後，終於成為瑤池金母的契子女，進入了慈惠堂信仰系統，其間亦親身體驗到煆身的靈動與手舞足蹈，與《瑤命皈盤》中所闡述的狀況類似：

> 有雙手拍掌者，伸拳擦掌者，跳舞倒翻，左右打滾，迴旋如輪者，一人一樣，或欲嘔吐，或打呵欠，或眼淚流不止，或跑走如飛，形形色色，在不知不覺之間，原來的宿疾莫不應勢而除，因練而癒。

亦和焦大衛、歐大年（2005）在做慈惠堂田調時，所採集到的慈惠堂信仰活動特色——降僮、跳神同出一轍，董方苑在《原始宗教》（1991）一書中，認為研究信仰者最好是宗教人，是的，我是信仰者、也是宗教人。原生家庭的民間信仰——王爺、媽祖是我的啟蒙師，而今瑤池金母信仰除了引領我深入信仰意涵，更讓我親身參與信仰活動、觀驗到信仰的特色與精神，尤其利用閒暇與友堂交流，透過深度訪談更可以瞭解各地慈惠堂信仰的發展與變遷，因此論文採取的研究方法如下：

（一）文獻資料的探討，由文獻爬梳中，瞭解前人在慈惠堂瑤池金母信仰曾經探研過的面向、建構的研究方法，讓自己從歷史獻中出發，再發現自己的新觀點或研究方向。

（二）深度訪談，基於信仰研究並非文獻資料可提供全貌，必需透過田調現場教派信仰的當事人陳述觀點，即「土著觀點」（native's point of view）或「當地人觀點」（insider's point of view）（陳龍廷，2003），著重個人參與、集體體驗，藉由深度訪談，以了解慈惠堂瑤池金母信仰在台灣的發展歷程與田野現象、信仰活動的特色與轉型，並建構出慈惠堂信仰在台灣發展的歷史脈絡與形成的宗教生態，為讀者勾勒出瑤池金母信仰的文化內涵。筆者本身也是母娘的契子女，所以訪談時直接進入 insider's point of view，免除收集到扭曲或散漫的陳述。

（三）資料整理與分析：如何運用訪談資料完成確實根據的論述？牽涉到的是邏輯的運作，將具體資訊以抽象理論作邏輯歸因與分析探討（陳龍廷，2003），在這一部份將以李豐楙教授「常與非常」的文化心裡結構理論為基礎，分析探討報導人內部心裡的信仰動機及慈惠堂信仰活動的特色、原型／轉型、由於常／非常牽涉的是不變／變、自然／非自然，當個人面對自己、家庭、社會環境的變異與失衡、異常時，必然尋求恢復常的機制，從自己是體驗者、土著觀點的身份，證明此時正是進入信仰的開始，信仰的動力與維繫，牽涉到個人的神秘體驗與所謂感應過程，所以輔以密契經驗〔註9〕的探討。

---

〔註 9〕 密契主義（mysticism）在中文並無統一的翻譯，也有人翻作「冥契主義」，早
　　　　 期常被稱「神秘主義」，傅佩榮先生在翻譯美國學者杜普瑞（Louis Dupre）的
　　　　 《人的宗教向度——*The Other Dimension: A Search for the Meaning of Religious*
　　　　 *Attitudes*》時，將該詞彙翻成「密契」，詹姆斯（William James）的《宗教經驗
　　　　 之種種》（1970），同樣採取「密契主義」的翻譯。
　　　　 密契的（mystical）、密契經驗（the mystical experience）泛指的是的是人與萬

　　教義經典——《瑤池金母普度收圓定慧解脫眞經》的正知見，是慈惠堂信瑤池金母信仰永續傳揚的基礎，唯有對信仰的神學思想眞實的認知，才能堅固、凝聚信仰的動力，各慈惠堂堂主或主事人員對教義的眞實認知與落實實踐，更是影響堂務的運作與信仰的傳揚，必須再度釐清與傳佈。

　　走過顯化感應、療癒強身的一甲子，慈惠堂在 21 世紀的新使命，便是開啓信仰的眞實意——身、心、靈的清淨與修行。對經典的認知或實踐也是訪談重點之一，報導人對經典的認知陳述，輔以宗教學者對經典的理論銓釋，再予歸納整理。

　　筆者利用暑假作訪談，預計依北、中、南地區依週次完成一個地區的紀錄，由訪談中了解該堂建堂緣由、發展、教義認知與實踐、信仰活動的型態與特色，信徒的參與或屬性。

# 第四節　研究材料

　　慈惠堂目前已發展爲全台性的信仰團體，各地都有敬拜瑤池金母的分堂，爲了研究慈惠堂發展至今六十年，屆滿一甲子，各地分堂對教義的認知與實踐發展如何？目前哪些是具有信仰活動特色的慈惠堂？其組織如何？瑤池金母信仰在地方上塑造了怎樣的信仰文化？以此選定研究對象：

## 一、開堂歷史 40 年以上

　　（一）北區：中壢慈惠堂（全台第一個分堂，建堂 56 年）、台北慈惠堂、新莊慈惠堂，後港慈惠堂。

　　（二）南區：南台慈惠堂（建堂 49 年。資料來源：《全國佛刹道觀總覽——瑤池金母專輯》（1986））。

　　高雄慈惠堂（建堂 41 年。資料來源：《全國佛刹道觀總覽——瑤池金母專輯》（1986））。

---

物、宇宙或神的溝通、感應、達到合一的境界，這種境界是宗教信仰進入最高的理想與奧秘的體驗，也是一切宗教共有的現象（雷德爾【M. Rader】，1984）。20 世紀密契的研究相繼產生，透過或聲音、或身體震動、或各種修行方式產生一種超越思想與理性的純粹境界，與那「位」只能稱爲「神聖」的他者相逢。密契經驗使人在瞬間接觸到了絕對、超越的他者，也可說是神、仙，那份經驗，本身是超越言說的。對契子女來說，密契經驗遠高於教義，終其一生是神聖、神秘的。

開堂歷史長久，南北分立，具有區域性的差異，信仰活動的不同，可加以探究。

## 二、地區性信仰中心

松山慈惠堂、（北區最大堂）、中和慈惠堂（中和地區有名的慈惠堂，扶鸞 20 餘年，並出版「瑤池」雙月刊雜誌）、蘆洲慈惠堂，中壢慈惠堂。

## 三、具有特色的信仰活動

法華山慈惠堂、行德慈惠堂、伩美慈惠堂、慈德慈惠堂、慈光慈惠堂。

法華山慈惠堂：依筆者在慈惠堂多年聽聞，法華山是慈惠堂系列的法源，早期進入慈惠堂欲學濟世、渡世之法，必須前往法華山拜師，而法華老人——羅臥雲，除了是法華山慈惠堂創建者，更是《瑤命皈盤》的著作者，羅臥雲早逝，死後即傳位於現今堂主溫滿妹，人稱溫師父，從法華山慈惠堂分靈之慈惠堂亦不在少數，早期「牽亡」頗負盛名的花蓮石壁慈惠部堂，即是從法華山分靈而出。位於北台灣之松山慈惠堂亦與法華山慈惠堂有淵源，溫堂主與郭堂主頗有交情。今法華山慈惠堂以誦經、血盆法會及多項法術著名。

伩美慈惠堂：位於梧棲鎮，堂主為腦性麻痺者，但堅持實踐母娘渡世的願力，曾經辦了 600 多桌供品普施孤魂，平時由堂主辦事濟世。堂主本身即充滿靈驗事蹟，形成慈惠堂瑤池金母信仰的特色之一。

透過針對以上慈惠堂的觀察、訪談、資料分析，深入了解台灣慈惠堂瑤池金母信仰的發展。

各地區訪談之慈惠堂：

| 堂號／地區 | 訪談人物、時間 | 備　註 |
|---|---|---|
| 松山慈惠堂<br>（台北市） | 堂主：郭葉子<br>97.7.2 | 北區最大堂，辦理多項信仰文化活動 |
| 蘆洲慈惠堂<br>（台北縣蘆洲市） | 堂主：林根陣<br>97.7.2 | 蘆洲市信仰中心 |
| 新莊慈惠堂<br>（台北縣新莊市） | 堂主：黃彩蓮<br>97.7.5 | 位於新莊市，堂主未婚，是姑娘宣教 |
| 後港慈惠堂<br>（台北縣新莊市） | 住持：邱師兄<br>97.7.5 | 歷史久遠 |

| 堂號／地區 | 訪談人物、時間 | 備　註 |
|---|---|---|
| 行德慈惠堂<br>（台北市） | 堂主：林萬塗<br>97.7.26 | 行腳全台進香 |
| 台北慈惠堂<br>（台北市） | 堂主：潘明冠、竺貞師姐<br>97.7.26 | 靜坐修行、歷史久遠，扶鸞出版慈惠堂教內經典。 |
| 中和慈惠堂<br>（台北縣中和市） | 堂主：林阿義<br>97.7.10 | 位於中和市，以收鸞、扶鸞出版雜誌著名。 |
| 佦美慈惠堂<br>（台中縣梧棲鎮） | 堂主：林玉美<br>97.7.16 | 堂主為腦性麻痺者，但堅持濟世願力，曾經辦了 600 桌供品普施孤魂。 |
| 慈德慈惠堂<br>（台中市） | 堂主：陳文田<br>97.7.16 | 位於台中市，以出版善刊聞名。 |
| 中壢慈惠堂<br>（中壢市） | 董事長：陳燦宏<br>97.7.6 | 開堂 56 年，最早成立的兩間分堂之一。 |
| 慈光慈惠堂<br>（桃園縣平鎮市） | 堂主：陳文憲<br>97.7.6 | 堂主修行經驗豐富，出版教內經典。 |
| 高雄慈惠堂<br>（高雄市） | 住持：林師姐<br>97.7.23 | 建堂 42 年，具有歷史性，為地區信仰代表。<br>主任委員：雍忠義 |
| 南台慈惠堂<br>（台南市） | 陳師姑<br>97.7.24 | 堂主：陳道仁<br>建堂 49 年，歷史久遠，早年以扶鸞著作教內修行書籍，南部重要分堂。 |
| 法華山慈惠堂<br>（花蓮縣吉安鄉） | 堂主：溫滿妹<br>97.7.1 | 歷史久遠，位於花蓮市，慈惠堂信仰系列以誦經、法術聞名。 |

訪談問題重點

一、對教義——《瑤池金母普度收圓定慧解脫眞經》的認知與實踐。

二、信仰活動的發展、原型與轉型。

三、結合地方發展的信仰文化。

四、建堂源起與組織型態。


# 第五節　論文結構

本論文共分五章，第一章緒論，第二章信仰的源起，旨在研究瑤池金母信仰的發源、靈驗事蹟、教義經典的取得、原生的信仰活動。第三章為發展與信仰活動，探討慈惠堂瑤池金母信仰自民國 38 年顯化興起，至今已滿 60

年，歷經政治力的介入、知識份子的宣揚，建立信仰定位的發展脈絡，及信仰活動的原型與轉型。

　　第四章為神學淵源及其信仰特色，敘述教派的教義精神與神學思想淵源，及具有特色的信仰活動，或融合地方發展的信仰文化。第五章結論，說明本論文的研究結果，除了縱述慈惠堂瑤池金母是發源自台灣本土的新興宗教，更論述瑤池金母信仰在台灣文化中的定位，及 21 世紀世界宗教文化中的新展望與新里程。

# 第二章　慈惠堂信仰的緣起

　　瑤池金母信仰者如何從日常行爲實踐的依準，透過教義經典的傳揚，型塑信仰文化與動力，是本章關注的焦點。筆者首先企圖從創教神話、靈驗事蹟、教義經典的取得、原生的信仰活動等關鍵議題，來考察這種深入民心信仰如何源起的過程，包括生童跳乩、靈丹救世、令旗香案、拜母娘成爲契子、契女等，乃至雕塑神尊、指示堂名、教義經典的取得，及慈惠堂最顯著最重要的特色之煆身。其次，分述慈惠堂樹大分枝的過程，分堂、部堂的建置，以及慈惠協會、台灣瑤池道脈聖教會、中華無極瑤池西王金母教會等組織。

## 第一節　金母顯化救世

### 一、生童跳乩、靈丹救世、令旗香案

　　道教的歷史發展以「開劫度人」的救劫應化而勃興，新興教派也有應劫而興的因緣（李豐楙，2000b：46～74），也就是說在經歷時代變動盪亂或民間憂患疾苦之時，便有教派化劫渡世應運而起，慈惠堂瑤池金母信仰在台灣的興起也有類似的應幼應運意涵，據慈惠堂教內出版書籍《瑤命皈盤》第 18 回「古人肫摯倫常別，末世兇殘道德亡」所載，人心趨變，爭奇鬥巧，利己損人，罔顧天理，天怒人怨，故人間劫難將起，第 19 回「天曹聖會議救世，佛祖請母建慈航」，20 章「老母慈悲決聖會，仙佛奉命度眾生」開宗明義就把顯化因緣的精神意涵，與應世救劫、普度的想法宣達得非常清楚。其重要內容摘要如下（羅臥雲，1967：32～38）：

故於中華民國三十六年歲次丁亥六月三日〔註1〕，乃值龍華聖會佳辰，是時有三教聖賢，十方諸佛，齊來朝賀、參加盛宴，上帝並加召開仙佛下凡救世大會，共策妙法，啓化愚蒙，復回古道，令眾生知感　蒼天培育深恩，早日修心，同求解脱，而慰　天心。（……）時有　大慈大悲觀音大士，因見無有仙佛領旨下凡救世者，是時　觀音大士，仍是憂懷耿耿，不能自安，仍抵　瑤階跪下哀求，淚如雨下。老母早已動了慈心，奈時未就，只有隨聲淚下宣曰：大士慈悲憐憫蒼生之苦難，非老母之不知也：因時尚早，惟宜且耐，終有一天耳。此時大士聞言，心中大喜叩謝，自回南海去了。

又到了己丑（民國38年）六月三日：再行召集三開　聖會，決命實行，此時各界　仙佛，亦莫敢領　旨下凡救世，（……）釋迦佛祖帶淚奏曰：（……）此次如非　老母聖駕親臨凡界，統御收圓，實無有仙佛敢而領此大命者矣。但願老母大慈大悲，憐憫凡世眾生，都是老母之親骨肉，都是老母之親血脈，沉悶於苦海之中，波浪滔天，如無慈舟之渡，怎得上岸呢？迷蒙於火宅〔註2〕之內，煙塵遍地，若再不開方便之門，如何得出？眼見原人〔註3〕沉沒於無情的禍幼裡面，寧不可憐哉，（……）願求　老母慈悲，加以洪恩，設法挽救，實無任幸甚。如蒙　老母慈允，親身下降統御收圓，雖諸　三教聖賢，十方佛祖，皆願隨駕下凡，效勞供使，以期早日收圓，完成　老母大願，雖有萬難，亦不敢辭也。佛祖奏畢，不禁的淚隨聲下，不勝其哀。

此時早有幾位　聖賢，諸洞神仙，董雙成仙姑，悟道眞人，以及三千侍女，八百仙姑等，莫不爲　佛祖慈悲，苦苦哀求之誠，傷心痛惜眾生，憐憫無知原人，慘無了悟，只知汝剝我奪，競短爭長，損

---

〔註1〕目前慈惠堂將六月三日訂爲蟠桃聖會日，也就是龍華聖會，皆會舉行慶典儀式，據筆者於民國 97.7.5 於新莊慈惠堂採訪時，特別詢問六月三日龍華聖會日的由來，據報導人黃堂主說：年輕時曾在寶華山慈惠堂與簡丁木共修 2 年，當時簡丁木是開口乩手，曾指示定 6 月 3 日爲龍華聖會日，依此各慈惠堂都會在此日舉辦慶典。《瑤命皈盤》成書於民國 56 年，有沿用的可能。

〔註2〕佛經中以紅塵火宅代表世間。

〔註3〕眾生由一炁化三清，三清分陰陽，無極老母聖炁呵成，故說原靈、原人，世間之人乃同源而生。《瑤命皈盤》序文。

人利己，恃勢欺人，娶嬌妻，納美妾，慣偷盜，惡邪淫，不顧五倫大節，八德美名，致傷　天地之和氣，擾亂乾坤之自然，長此而去，反省無期，何日得皈老母之懷泡，而慰　老母倚閭之望呢？（……）此時　老母看見　釋迦佛祖與慈航大士淚雨苦求，慈懷早已不忍，又見各位聖賢仙姑同聲哀懇之誠，更不忍於心，不覺淚如湧泉，滾滾而下，一時不能自禁。少頃嘆了一口氣，徐徐宣曰：難得眾位慈悲，憐念眾生慘劫為懷，不辭一切之勞苦，，甘效奔馳之役，助　母收回，吾懷慰矣。眾位皆願奔馳，不辭共有，　吾又豈甘忍見叮愛的兒女，淪沒之苦，坐視不救者哉。但願各位堅心耐苦，慢慢宣勸，細細闡揚，等待功成之日，當有好境之來也。

惟求天從　吾願，得使人人回頭作善，個個學道修真，早日完成收圓大願，渡回九二原人〔註4〕，同慶龍華之會，共聚團圓之樂，吾願足矣。此時　釋迦佛祖，慈航大士及眾位神仙，聞得　老母宣願，親身降凡指揮收回，齊齊叩謝　母恩，又齊齊祝頌早日成功回天。

　　這是瑤池金母下凡救劫度世的緣由，屬於創教神話，也是一般所說的天運，而此時人間呢？據報導人法華山慈惠堂溫堂主說：民國36年台灣發生颱風到處淹大水，民國38年瘟疫、瘧疾〔註5〕流行，尤其當時民眾普遍是未受教育的工農階級，收入微薄，醫療資源亦乏善可陳，當病苦臨身，首先做的便是求神問卜抽藥籤，或是忍痛，或服用簡易成藥，花蓮地處後山，開發遲緩，更顯落後，但天然景致卻是展望如寶庫、美景若仙鄉，當時政府鼓勵西部居民移民來此，所以有自苗栗、南投、台中的一批人就成了此地的新移民，更有原來居住的高山原住民、平地原住民，所以《瑤命皈盤》第20回提到（羅臥雲，1967：46～47）：

此地雖係人種複雜的地方，可喜的是民風習俗具皆樸素，善良誠實之人為多，善氣沖天、祥光遍地，此地足可為萬世基石，發祥的聖地也。時在六月十三日，成其事、趁其時，可得其人，八月十五日

---

〔註4〕九二原人、九六原靈、龍華三會將於第四章慈惠堂神學淵源及信仰特色中說明。

〔註5〕根據《花蓮聖地慈惠堂總堂簡介》〈肆、聖地慈惠堂總堂興建史〉——歲次乙酉年（民國三十四年）十月二十五日台灣光復後，瘟疫四起，民不聊生。此外，溫堂主進入慈惠堂的因緣，也是因為當初母娘賜靈丹治好她母親的瘧疾而入信。

　　秋圓之夜，正好收圓發蹟良機，除此難得三合之利，老母聞奏點頭
暗喜，心有所定，靜待良辰一到，便即顯化，感應世人，聖蹟眞傳
由此而產生於福地也。

　　瑤池金母就此降靈台灣，應其運、趁其時、成其事，得其人。緣起於一
椿關落陰事件〔註6〕，當法師施行儀式時，一旁觀看的乩童蘇烈東〔註7〕突然
跳動起來，點出一對壯年夫妻當其父母在世時，點點滴滴不敬的行爲，死後
徒問音訊，違反爲人子女該有的孝心孝行，說得正確無比，終於令其感動，
實心改過，並從此參神拜佛，自此靈驗顯化後，求者日眾，人山人海，擁擠
不開。據《瑤命皈盤》所描述（羅臥雲，1967：56）：

　　時值中華民國三十九年歲次庚寅六月十三日晚〔註8〕，……法師依

〔註6〕 關落陰爲一種民間法術，法師施法口念咒文，引領被作術者至陰曹地府與死
　　　 去親人對談，是一種進入被催眠狀態，與死去親人對應交談的儀式，彭榮邦，
　　　 2000，《牽亡：悼念世界的安置與撫慰》；《聖安宮虛空無極天上王母娘娘》〈天
　　　 上王母娘娘顯靈下降救世記〉碑文所記：蘇烈東原向張煙、林金枝夫婦租屋，
　　　 後來張煙去世，林金枝爲其亡夫關落陰，竟是金母降靈的因緣，於此開始靈
　　　 驗顯化。
〔註7〕 姜憲燈《慈惠堂史》寫作蘇烈東，此採《瑤命皈盤》寫法——蘇烈東，據報
　　　 導人法華山慈惠堂溫堂主說：她10幾歲時，聽父執輩說蘇原是一位果菜行的
　　　 搬運工人，長得壯碩有力，當被瑤池金母附身降靈後，每當下午3、4點就自
　　　 動跳僮，一直跳，跳到現在總堂堂址處，幫人辦事，事後自己也不知道做了
　　　 些什麼。像蘇烈東這樣的乩生叫「生童」，即爲神明臨時借體降靈用的媒介，
　　　 清醒後完全不知所做，如此似乎可以增加神明附身的靈驗及傳奇性（周益民&
　　　 王見川&林美容，1997：143註二）。
　　　 花蓮聖安宮〈天上王母娘娘顯靈下降追記〉對蘇烈東的描述接近他本人的說
　　　 法。蘇烈東後來的去向，根據Overmyer於1973年在瑞芳的田野調查，蘇烈
　　　 東原爲江浙人，在大陸未聽過瑤池金母，民國38年隨軍隊來台，退役後在花
　　　 蓮市集賣菜，並非乩童出身，他昏迷了7天，醒來時並未知道發生什麼事情，
　　　 一個道士卻告訴他，已經被瑤池金母附過體了，從此他成爲一名乩童。後來
　　　 「蘇烈東自起乩後，慈惠堂雇他爲乩童，付給他工資，後來因爲分裂成勝安
　　　 宮、慈惠堂，兩邊都求他幫忙，他難於應付，因此離開花蓮到瑞芳發展。」
　　　 （Overmyer,2005）。
　　　 筆者於民國98年6月13日親自至瑞芳蘇烈東駐乩之處訪談，據報導人林村
　　　 言：蘇到瑞芳後本在瑞芳高工旁一處民房當乩童，因問事興旺了好幾年，收
　　　 留了一些早夭或因丙而逝的姑娘亡靈，或無人祭拜的孤魂，後來在友人、信
　　　 徒捐款協助下蓋了萬壽宮，主神仍是母娘，另配祀其他神明。蘇本人於萬壽
　　　 宮完工，距今10多年前逝世。
〔註8〕 在時間上有幾種說法：依慈惠堂總堂的碑文記載，是在民國38年8月15日。
　　　 而聖安宮的記載也是同年，但爲6月13日。兩種版本的《花蓮聖地慈惠堂簡

例問事，時至亥刻，各皆散回，是時乩僮伏案未醒，法師施法收回，
豈料事不如向，連呼不應，連推不醒，法師舉火細看，不覺嚇得手
足無措，目瞪口呆，因見乩僮情形異昔，顏色蒼白，手足冰冷，氣
喘呼呼，兩眼直視不動，口涎垂滴，好似瘋狗一般，早把法師驚得
魂飛天外。

法師用盡生平所學，仍無法使蘇烈東恢復正常，反見他跳起來，跑來跑
去，口中喃喃自語，不知說些什麼。法師心知無技可施，在計劃脫身之法時，
蘇烈東突然大叫說（羅臥雲，1967：57～58）：

我何曾被妖魔所迷，我又何曾被陰差叩押呢？汝等何必大驚小怪？
眾人看見乩僮開口說話，稍微放心，爭來問曰：汝已不受妖魔迷著，
緣何不快恢復正常來呢？眾人莫不為汝耽心。乩僮曰：我現在就是
正常，何說不是呢？

法師看見蘇烈東雖與眾人說話如常，但仍是乎舞足蹈，顏色蒼白，心知
未恢復正常，便乘眾人只顧與蘇烈東談法師看見蘇烈東雖與眾人說話如常，
但仍是乎舞足蹈，顏色蒼白，心知未恢復正常，便乘眾人只顧與蘇烈東談話
時，偷偷溜走。蘇烈東開始向眾人敘述他「陰山背後遇惡鬼，碧玉空中拜金
母」的經過（羅臥雲，1967：59）：

我在昨晚照例到陰司，將眾人事情辦，回家之時，迷失歸途，東跑
西執，過了好久時間，找不出歸路來，……那時我正在進也無路，
退也無門，叫天不應，叫地不聞，急得我雙淚交流，蹲在地上，又

介》也出現 2 種時間，民國 94 年以前出版的記載是：「歲次己丑年（民國 38
年）六月三日普渡勝會，瑤池金母大發慈悲，救苦救難，聖駕下凡」；民國 94
年秋月修編記載的是：「民國 37 年農曆六月初三日普渡勝會，瑤池金母大發
慈悲，救苦救難，在先佛神聖諸高真護衛之下，聖駕下凡」。《慈惠堂史》則
有不同的記載：「是以民國三十七年八月十五日晚上，關落陰，竟變成王母護
身說法。」（姜憲燈，1979：19）；同書另一篇〈金母教規聖地花蓮起源〉則
記載：「維以中華民國三十七年歲次己丑【己丑應該是民國 38 年】，我瑤池
金母大發慈悲救苦救難，於是年八月在花蓮市郊之田埔，聖駕下凡。」《慈惠
堂史》，頁 18。羅臥雲所編《瑤命皈盤》記為民國 39 年 6 月 13 日，頁 56。
根據 Overmyer，於 1973 年田調訪談姜憲燈時，指出「創教確切年代應為民
國 38 年，即 1949 年，但創立的確切日期不清楚。」、「1973 年若干知情人說
應為 6 月 13 日」（Overmyer，2005〔1965〕：121）。大部份學者的文章皆寫為
民國 38 年 6 月 13 日，如王志宇、林永根、宋光宇、Overmyer 等，目前提到
慈惠堂信仰緣起都是寫為民國 38 年發源。

聽見那四面哭泣哀號之聲，悽悽楚楚，越來越近，嚇得我不敢抬頭
斜視。

正在危急萬分的情形下，臨水夫人陳靖姑出現，並答應解救蘇烈東回陽
間，但是有一件事情要託付給他。在此情況下，蘇烈東自然連忙答應。於是
陳靖姑便帶蘇烈東與瑤池金母會面（羅臥雲，1967：60）：

> 忽見空中出現五色祥雲萬道金光，一時竟化為天清氣朗、旭日和風
> 的仙境，再向空中細細看去由那五色祥雲裡面現出一位端莊嚴肅女
> 神，頭上帶著珠箋連環的五鳳金冠，身穿金色燦爛黃龍袍，手執佛
> 塵，端坐於九鳳金輦之上，（……）陣陣香風，撲鼻而來，莊嚴的景
> 象，威儀的雄姿，令人凜然敬畏，那時我即覺得身清氣爽，飄然而
> 起，直到那位莊嚴女聖金鑾駕前，我便急急雙膝跪下連連叩首，即
> 聽著上面隱隱飄來耳邊柔細端嚴的音聲說：汝虔誠為人落陰問事，
> 多麼辛苦了。那時我連謝：不敢不敢。又聞曰：吾乃無極瑤池金母
> 是也，吾神因見現在的人心不古，道德淪亡，奇疾遍宇，怪病叢生，
> 今特親身下降，挽救世人，只因聖凡各別，人鬼隔離，凡眼不能見，
> 凡耳不能聽，所以吾要收汝為義子，委汝傳言，啟化眾生，得使人
> 人同皈樂土，個個共登慈舟，汝若不違吾命，吾當救汝還陽，汝意
> 以為何如呢？是時我一聞此語，急急叩首謝恩曰：若蒙母娘賜凡回
> 陽，誓願實心效勞，聊報救命之恩。老母慈顏大悅，歡喜點頭，並
> 命立誓效勞，而決其心後，即命靖姑帶其回陽，待時顯化。

這是一段密契經驗的描述，後來很多慈惠堂堂主有類似的經驗，或稱做
感應。當時，在場的眾人並不曉得瑤池金母為何方神聖，到處求神問卜，然
而各個神明都要眾人無須害怕，關聖帝君降乩說：「此人不受妖迷魔纏，乃是
無極至尊瑤池金母降凡」（羅臥雲，1967：61）不久後自然明瞭。蘇烈東在恍
忽狀態下過了七天，到了第七天的晚間，才忽然醒來。直到農曆八月十五日
的晚上，蘇烈東與友人在門前閒聊，觀月話古人，忽聞一陣撲鼻香煙，如癡
如醉，氣喘心跳，將身一縱坐在桌上開言道：

> 吾乃主母娘娘〔註9〕下降也。……吾在天上，常見人世多患惡疾奇

---

〔註9〕 「主母娘娘」、也是「瑤池金母」。《瑤命皈盤》頁 72 出現「皇母娘娘」、「王
母娘娘」當時由乩童口諭，依音揣字，容易出現音近或字近現象（簡東源，
2006），因而認為「主母」是「皇母」音誤、「主母」是「王母」筆誤。

病，危難不治之症，層出不窮，今見此地眾生善良樸實，上天慈悲，
不忍世人苦難，吾特下降此地，爲欲挽救世人，願汝世人有繼，吾
神慈悲，無不應求。主母娘娘聖駕親身下降，直接顯化，聖蹟仙史，
開天闢地第一次，由茲產生於此地。

　　從此，蘇烈東爲首任乩童，開始扮演起濟世的工作，鄰里之門，皆是樸
實農人或小工階級，非錢財餘潤之人，所以以簡單鐵罐外圍貼紅紙代替香爐，
〔註10〕而現今中壢慈惠堂堂主陳清富爲一賣線香商人，剛好經商至此，見狀
即建議點香敬拜，以求靈應，於是擺設成簡單的香案每日燒香膜拜，〔註11〕
正式奠定瑤池金母發祥的聖蹟。

　　未幾眾人提議設令旗，開始是小面黃色未有裝飾之簡單令旗，於是素樸
的香案、令旗一時之間竟成了大家敬拜祈求的信仰中心了！不幾傳遍遠近，
有患著奇疾怪病者，莫不金丹〔註12〕下肚，百病回春，百求百應，萬求萬靈。
〔註13〕此時瑤池金母化劫渡人的方式是透過生童跳乩，指示金丹、藥方、金
言，產生療癒解困的效果，引人入信。

## 二、契子、契女、兄弟姊妹

　　當金母靈驗事蹟傳遍花蓮田埔村時，有一雜穀商人簡丁木，生性剛硬，
且無宗教信仰，因皮膚發癢百藥無效，經其妻游氏引薦，求得一服金丹洗滌，

〔註10〕報導人溫堂主就其聽聞之記憶所述、中壢慈惠堂《弘道寶錄》頁44亦如此記
　　　　錄，推測當時年代經濟條件不佳確實如此。
〔註11〕陳清富身份，老一輩慈惠堂堂主都知道，此段爲報導人所說，在中壢慈惠堂
　　　　《弘道寶錄》中記載：陳清富於民國40年由李阿福介紹到總堂朝拜母娘，41
　　　　年爲母娘收爲契子，並恭迎令旗回家恭奉。
〔註12〕金丹有一說是爐丹即香灰，和水而食，據總堂副總務張先生說：「當時只要母
　　　　娘應允要救治，路邊一根草枝都是良藥」，民國97.7.31報導人新營慈惠堂陳
　　　　堂主也說：「當初開堂後（民國57.11.5），母娘賜藥都是香灰和香腳放入三碗
　　　　水熬成八分飲用，依病症不同呈現出不同顏色的藥水，飲後自癒，靈驗無比，
　　　　所以當時信徒很多。」《瑤命皈盤》讚曰「瑤池金母下凡塵，法力無邊濟眾生，
　　　　朱筆畫符災轉福，金丹落肚病回春。」（羅臥雲，1969：63）
〔註13〕問事事靈，物失物歸，有求必應，應必靈驗，這也是慈惠堂在母娘降靈顯化
　　　　後，於民國60～80年間拓展快速的原因。《慈惠堂史》〈金母下凡救世顯赫事
　　　　蹟〉頁19「蘇烈東爲乩童之時，實是眞乩，來往香客總是叫名叫姓，家庭事
　　　　求王母，從頭至尾一五一十全部先講出來，求醫病好、問事事靈、失物物歸，
　　　　事事有求必靈。」，台北慈惠堂創堂堂主林蕾，即因在母娘降靈當場被叫喚姓
　　　　名，而深信不疑，創立臺北慈惠堂。

竟奇妙痊癒，但仍不予參拜，後癢症復發，不得不親自到金母案前求藥，如實而行，終於不再復發，又民國38年12月初3日，簡丁木本欲前往台東，卻因大雨阻擋返回花蓮，此事並未事先告知其妻，而乩童於當晚起乩後竟叫游氏回家叫其夫來案前，游氏回稟其夫到台東不在家，金母道：汝快回家便知，游氏回家果見其夫在家，至此，金母靈威游氏深信不已，而簡丁木本人本半信半疑經其妻說明經過，急急跟隨至神前參拜。根據《瑤命皈盤》記載（羅臥雲，1967：70）：

> 金母開言說道：「得知汝有心，母娘心懷有慰矣！只因母娘下降到此，爲欲救濟眾生，需多爲母幫助之人，今雖得幾位善士效勞，尚嘆不足，今欲收汝爲大子，不知汝意如何？簡鞠躬謝曰：感謝金母慈悲，垂愛恩賜爲兒，豈敢不從哉？急急跪下謝恩，金母又曰：我今而後我就是汝母，汝就是吾兒，乃以母子相稱，便是一家。」

未幾收了三十多名男女信者，皆稱爲「契母契子」，後來覺得美中不足，收了50位，[註14] 慈惠堂信徒都是瑤池金母的契子女，母子相稱，顯現「靈性之母」的隱喻，形成信仰的堅實連結，只要是母娘的契子女、信徒，彼此是異性一家親，兄弟姊妹相稱，互相尊敬、恭讓溫和。

## 三、雕塑神尊、指示堂名

契子中名爲陳金茂者蒙母指示，雕塑第一尊金母神像，並訂於民國40年2月18日點眼，[註15] 並經指示於3月10日入座於簡丁木家中，後來簡家也

---

[註14] 首收契子女的數目有50、51、52之說，《瑤命皈盤》頁75寫50位，《慈惠堂史》（1979）頁19寫共收契子51名，但書中〈聖地慈惠堂開山元老〉又列了52名。據田調所得資料，因一名契子當時是嬰兒身份，所以被忽略。聖安宮〈天上王母娘娘顯靈下降救世追記〉則記載「王母娘娘下降不久，認了林金枝、林九嬰、劉永江3人爲義妹義弟，另外收了48位契子女。」目前大都採《瑤命皈盤》50名的說法。

[註15] 母娘的第一尊神尊開光點眼的日期記載都是2月18日，但確切之年卻又幾種說法，2月18日也成爲慈惠堂堂慶之日，每年返回聖地進香，早年人數眾多、盛況空前。田調訪談，當初第一尊母娘神尊是由林九嬰提議大家集資雕塑，本在草堂（今勝安宮花園基趾處）拜祀，後來由林金枝請回自家供奉，而簡丁木再與眾人出資由陳金榜雕刻神尊，在今之慈惠堂總堂開光點眼入座。《瑤命皈盤》第二十八回「二月十八塑金像，三月初十登寶堂」頁72～75記載：「（陳金茂）一日蒙母娘指示，雕塑金母金像，以資後日發揮救世也。「定於中華民國四十年歲次章卯二月十八日子時點眼，安奉家堂，其時眾契子同到

捐輸蓋廟，由草堂成爲今天的慈惠堂總堂。神像雕成受人敬拜，母娘又夢示簡丁木要用神轎抬著，以榫尖揮寫文字〔註 16〕，指示吉凶禍福或開藥書符，啓化愚蒙，民國 40 年 2 月 20 日金母恩賜本家命名爲「慈惠堂」，〔註 17〕慈者，就是慈母、慈悲、慈懷、慈愛，惠比眾生的聖堂。

民國 40 年 3 月 15 日，再添一樁神蹟（羅臥雲，1967：86）：

> 柳枝筆開光後，堂中排整沙盤，將柳筆吊上，眾人齊齊焚香跪下，約一刻之久其不用人扶的柳筆，忽自轉動起來，三進三退後，劃上一個大圓圈（圓圈者即表示無極大道至理，及老母統御收圓之意也。），即便停息，眾人跪謝各皆歡喜悅：自古以來爲聞有柳筆不用人扶能夠以自動飛轉。〔註 18〕

另民國 43 年正月 16 日指示採製長七尺二吋、寬三吋六分之桃弓筆以資備用，後來採製完成，桃弓筆懸吊堂中，筆尖下抵桌上沙盤，筆亦自動搖動，寫出「天應人時」四個大字，眾人莫不驚訝不已，果然母娘威靈與眾不同（羅臥雲，1967：92）。目前桃弓筆，仍保留在聖地總堂。

## 四、教義經典、儀容識別

民國 42 年 1 月 25 日降示：命簡丁木、陳金茂、林龜里三人到北方求取「瑤池金母渡世眞經」回堂，以資早晚恭誦，並參研經意，作爲修道先鋒。

民國 44 年 2 月 15 日降日（羅臥雲，1967：94）：

---

陳家慶祝，（……）三月初十日，眾人歡然恭迎母駕到簡丁木家中安奉。」《慈惠堂史》（1979）則有兩種記載：姜憲燈〈王母娘娘發祥前之先兆〉：「擇吉于民國三十八年二月十八日開光點眼崇拜，起源在北濱街陳金茂先生家安座，眾契子女朝拜，是以定爲每年堂慶是以二月十八日之由來」。而同書〈聖地慈惠堂發祥史〉則爲：「擇吉日於民國參拾玖年歲次庚寅貳月拾捌日金母寶像開光，同時舉行安座典禮，尊懿旨堂號曰『慈惠堂』，即是慈惠堂之開始，故鐵定每年貳月拾捌日爲堂慶之所由來也」。此外，《花蓮縣志》對慈惠堂起源記載：「慈惠堂位於鄉之北昌村田埔，原爲太昌村民簡游阿秀之住宅，民國卅九年改建爲廟——主祀瑤池金母——每年舉行祭典三次，陰曆二月十八日爲建廟紀念日，六月初三日龍華會，七月十八日金母誕辰。」（花蓮縣志，1979：66）

〔註 16〕這是慈惠堂走入扶鸞儀式的開始，原本都是由乩童口說筆錄，在《瑤命皈盤》頁 84 則記載：「金母指示到東北方，採取柳枝，製作柳筆以備後用。」

〔註 17〕金母御降金言曰：慈心度世降瀛東，惠澤紅塵化碧宮，堂戒嚴明宜謹守，命名永紀眾心中。《瑤命皈盤》頁 84～85。

〔註 18〕據報導人報導人法華山溫堂主也談及此事，證明當時卻有此一說。

三月一日起，皆要裁製青衣褲，作為參拜禮服，當晚即夢示簡丁木形式及顏色，原為古代衣裳，只因文明時候，改為束袖現代服，婦女的為束袖高領緊身。〔註19〕

聖名「無極瑤池金母大天尊」又叫九字真言、堂號「慈惠堂」，衣飾「青衣」，教義——《瑤池金母普渡收圓定慧解脫真經》、神蹟，一一具足，作為開展宗派的架構，已然成型，靈驗無比的母娘、瑤池金母，經過口口相傳，有緣人的密契相應，一間間慈惠堂有如遍地開花，一朵朵在台灣綻放，風起雲湧似的瑤池金母信仰就此傳播拓延。

## 五、樹大分枝

目前台灣瑤池金母的信仰分為奉祀「金母娘娘」的慈惠堂及「王母娘娘」的聖安宮，兩大系統，一宮一堂兩者相距不過 50 米，（慈惠堂地址：吉安鄉聖安村慈惠三街 136 號、勝安宮地址：吉安鄉聖安村慈惠三街 118 號），對於兩者的分立有眾多說法，民間也有傳說：一為慈惠堂分爐，勝安宮得金身，二為慈惠堂得金身，勝安宮得令旗，但吉安鄉也有「青黃本一家，何來分金王」的俗語（李進益&簡東源，2005），顯現兩者系出同門，雖然拜祀之主神有「王母娘娘」、「金母娘娘」稱謂上的分別，但王母聖誕是 7 月 18 日，金母聖誕也是 7 月 18 日，6 月 13 日是王母娘娘下降紀念日，和《瑤命皈盤》所載金母娘娘聖靈下降是同一日，差別的是 2 月 18 日是慈惠堂堂慶（慈惠堂第一座金母神尊開光日），而王母娘娘安座紀念日是 10 月 18 日，兩者實則同源共流，皆有度世、救世的中心思想，彼此是密不可分的關連。

聖安宮著黃衣，用黑色令旗，以「雙龍扶九卦」為標誌，慈惠堂著青衣，用黃色令旗，天意造成，部分信徒意見不一，終於數大分枝，〔註20〕民國 97.6.29 筆者於勝安宮採訪時，訪談到其中一位執事人員，〔註21〕從其祖父聽聞的是：

---

〔註19〕青衣發展至今，樣式多元，顏色上只要是青色系統深淺皆可。穿上青衣如同依皈金母，第三章將對青衣再予詳敘。

〔註20〕Overmyer 認為分裂的經過已記憶不清，也或許發生過不愉快的衝突，不要詳細談論（Overmyer & Jordan，2005〔1965〕：114），而姜憲燈的〈慈惠堂與勝安宮之由來〉，《慈惠堂史——瑤池金母發祥 30 周年紀念冊》（1979）亦簡言帶過此事，是具有參考價值的原始文獻。

〔註21〕約莫 30 歲，其祖父在聖安宮對面開土產店，世居於此，當初也是元老級信徒，參與過瑤池金母顯化因緣，本安排訪談，但剛好他生病。

當初以簡丁木爲主的信徒大都是生意人或薄有資產者，而另外一批信徒是雜工、佃農經濟條件欠佳者，在敬拜物品、出資捐獻的觀念上自有所差異，自然而然就分成兩派，此種說法有其可信程度，也可解釋意見紛歧的描述。〔註22〕勝安宮擁有母娘聖靈下降聖地基趾，題曰：「虛空無極消劫救世天上王母娘娘聖蹟紀念碑」，是爲當初瑤池金母聖靈下降處之茅屋，位於勝安宮右邊花園內，50多年來，慈惠堂、勝安宮因奉祀王母金母而分立，又因度世、救世協助母娘收圓的共同信仰趨向合流。正應了「青黃本一家，何來分金王」的俗語，也顯現出母娘的慈悲含容。

　　《瑤命皈盤》、是慈惠堂教內出版品，也是瑤池金母信仰緣起的一手資料，記載了諸多顯化事蹟及創教思想與意涵，此書於今流傳不多，但早年聞名全台以「牽亡」〔註23〕著名的花蓮石壁部堂，卻以它爲進入慈惠堂必讀之書，目前慈惠總堂出版的簡介僅是一般性介紹。對於一個教派興起的緣由，其中必有其創世神話與救世思想，才能勃興發展永續傳揚（Overmyer & Jordan，2005〔1965〕），西方宗教也是如此的呈現。

　　瑤池金母信仰的緣起，就諸文獻資料、田調訪談，敘述有所歧異，但形成的因素卻是一致的，就是：瑤池金母降靈下凡，顯化救世，靈驗無比，有求必應，應必滿願，爲的是完成收圓任務，度回原靈，這樣的創教中心思想將在第四章予以詳細論述。

# 第二節　慈惠堂的組織

## 一、分堂、部堂

　　從民國38年瑤池金母降靈於台灣花蓮，開始渡化眾生，民國40年塑塑金像、開光點眼、至簡丁木家中安奉，民國42年北上取經，民國44年降示裁製青衣褲，作爲參拜禮服，至民國46年試圖成立委員會，在這期間，首位乩童蘇烈東出走、初期「開堂元老」分立成一宮一堂、分堂成立，「但是以『瑤池金母親自下凡渡世』爲核心信仰的慈惠堂系統，仍以極快的速度在台灣民

〔註22〕另有三種說法，一、「信徒意見紛歧說」、二、「寺廟登記說」、三「超收契子說」（簡東源，2006：355），第一點作者未說明其因，第二點是政府政策使然，第三點契子女名單，事實上出入不大，或許田調所得可爲註腳。

〔註23〕類似關落陰，也是借助靈媒與死去親人對話的一種民間儀式。

間傳佈開來，成爲一個新興教派。

慈惠堂最早成立的兩個分堂爲第一分堂中壢慈惠堂，〔註24〕第二分堂台南慈惠堂，〔註25〕都是直接由聖地總堂接靈請令旗敬拜，全國各地都可以成立慈惠堂分堂，如慈惠堂中壢分堂、慈惠堂新莊分堂、慈惠堂法華山分堂，掛上共同的堂號——「慈惠堂」，如由分堂再分靈而出則叫部堂，以分堂、部堂爲名稱也是當初乩童口諭指示，據民國97.6.29訪談法華山慈惠堂溫堂主表示：當初乩童口示：「賜堂六部」，「賜」、「四」音同，契子女就以「四堂六部」來作爲成立分堂名稱的依據，因此成立了四大分堂，即中壢慈惠堂、台南慈惠堂、法華山慈惠堂、寶華山慈惠堂，〔註26〕若由分堂分靈、領令旗成立新的慈惠堂，則以部堂爲名稱，後來推敲也可解讀爲「賜堂六部」，六部即是北台、中台、南台、東台外加法華山、寶華山作爲母娘信仰全台拓展的六支生力軍。〔註27〕

不管如何，總是天應人意，取用了「分堂」、「部堂」的稱號，現今全台唯一保留「部堂」名稱的是花蓮「慈惠石壁部堂」，因其當初是由慈惠堂法華山分堂分靈而出，至今仍一直沿用，或許也爲這樣的組織層級作一個見證，隱含領御、指揮意涵的分堂、部堂稱號的取消，前因後果將在第三章詳述。

分堂、部堂名稱正式取消則是在民國56年（1967）3月27日慈惠堂堂主聯席會議，道教第63代天師張恩溥發表演說後，將慈惠堂納入道教瑤池教派，慈惠本堂及各分堂都加入當地道教會爲團體會員，〔註28〕就是宗教團體，依法律規定各級慈惠堂在法律上都具有行爲能力。自此慈惠堂成爲道教的支派，也

---

〔註24〕「母娘紀念良辰，必須通知第一第二兩個分堂兄弟同來慶祝——」《瑤命皈盤》頁114，《慈惠堂史》中記載中壢慈惠堂開堂年是民國43年，但在財團法人中壢慈惠堂出版之《弘道寶錄》〈中壢慈惠堂沿革〉，記載是民國41年，《全國佛剎道觀總覽——瑤池金母專輯二》（1986），記載亦爲民國41年成立，據陳堂主說是從迎請令旗回家安奉算起。

〔註25〕《全國佛剎道觀總覽——瑤池金母專輯二》（1986），記載台南慈惠堂成立於民國41年，《慈惠堂史》（1979）誤植爲民國55年，《瑤命皈盤》頁115記載：於民國46年2月16日晚眾契子女商議事情時說道：「今已有了兩個分堂，將來必定可能增加分堂——」。

〔註26〕《瑤命皈盤》記載此4個分堂，並詳述法華山慈惠堂、寶華山慈惠堂開堂緣由。

〔註27〕確實有北台、中台、南台、東台慈惠堂，見《慈惠堂史》（1979）。

〔註28〕此段話見於《慈惠堂史》（1979）頁43，彼此是會員身份，就是各自獨立，同等地位。

是全台第一個以廟群方式加入中華民國道教會，各地分堂成爲各自獨立的廟堂，〔註29〕拿去分堂的名號，例如「慈惠堂中壢分堂」成爲「中壢慈惠堂」。

民國56年3月27日的堂主聯席會議也通過「中華道教慈惠堂章程」，並經過民國59年、61年及63年的三次修正。此章程分爲總綱、聖地、契子孫及信徒、總堂主、堂務委員會、管理委員會、分堂、監察人、會議、附則等十章，六十條規定。〔註30〕但各地慈惠堂並未參考或依此組織法則組堂或成立章程，各堂有的成立管理委員會，有的只是登記寺廟管理人，並未有任何組織，〔註31〕有的則成立契子孫大會，或信徒代表會，各堂各有各的組織方式，許多堂主聯席會議通過的制度及辦法並無法落實（王志宇，1997）。

聖地慈惠堂爲了配合政府規定設了堂主聯席會議，由全台各堂堂主參加，及1971年成立的全國性的瑤池金母契子孫代表大會（Overmyer & Jordan，2005〔1965〕：119），雖然有這樣的組織加強聯誼，或決議慈惠堂堂務推展、或輔導各地慈惠堂，但由於實施的機制不夠嚴謹，因此組織的運作慢慢式微，各地慈惠堂仍是依自己制訂的法則施行，瑤池金母契子孫代表大會，經過幾年則停辦，堂主聯席會議雖然每年舉辦，但也後繼無力。總堂的作用是提供一個識別的中心，提出原則性的指導方針，讓地方分堂自我發展，1973年契子孫代表大會引用了一句名言：「無爲而治」（王志宇，1997：12）。

## 二、慈惠協會

爲聯誼各地慈惠堂，於民國八十一年十二月三十日成立「中華道教瑤池金母慈惠協會」，會址設於慈惠堂總堂內，並成立北、中、南、東四區辦事處及各縣市聯絡處。〔註32〕這是隸屬於道教會之下的民間團體，每四年改選一次，第一任理事長爲傅乞〔註33〕先生，第二任楊宏文先生，第三任吳水堀先

〔註29〕 此段發展過程將在第三章慈惠堂發展中詳述。
〔註30〕 「中華道教慈惠堂章程」全文見（林國雄校閱&廖靜寬編輯，1990：324～332），林國雄是竹山慈惠堂堂主，交通大學教授，早期對慈惠堂組織、科儀制度化提出各項建言。
〔註31〕 源於當初簡丁木等人提議設立委員會，幾次叩稟仍未得到母娘應允，見《瑤命皈盤》頁116、117。因此有的堂就不成立管理委員會認爲人多口雜反而難辦事。
〔註32〕 北區慈惠協會下又有北區爐下團體聯誼會。
〔註33〕 傅來乞爲總堂堂主、楊宏文爲總堂顧問，吳水堀現爲總堂第二任堂主，陳清海先生現爲淡水慈惠堂堂主。（中壢慈惠堂堂主陳燦宏提供）

生，目前第四任陳清海先生，旨在分區聯誼，加強堂務推動，以鼓勵方式邀請各地慈惠堂加入慈惠協會，至於是否參加，仍採自由意志不強迫，慈惠協會目前仍運作中。

## 三、台灣瑤池道脈聖教會

「中華道教瑤池金母慈惠協會」是民間社團，「中區辦事處」這樣的名稱，無法在金錢收支上開立正式收據，因此慈惠協會中區會員於民國 87 年向當時省政府申請成立「台灣省慈惠協會」，為一省級宗教團體，作為中區會員會費合法支用，「中華道教瑤池金母慈惠協會中區辦事處」，則做為運作會務用。〔註 34〕

感於廢省之故，遂由原來的「台灣省慈惠協會」為成員，向中央主管機關內政部申請成立全國性宗教組織，終於於民國 96.1.14 由內政部核准，正式成立「台灣瑤池道脈聖教會」屬於全國性合法宗教型態人民團體，第一屆理事長楊經，設有理事 25 名，監事 7 名，目前以中區五縣市──台中縣市、彰化、南投、雲林各地慈惠堂為會員，會員大會為最高權力機構，旨在弘揚瑤池金母惠民慈悲懿德，及倡導母教體系，並希望推動瑤池金母信仰統一的科儀，設有弘道師資培訓班，出版瑤池會刊，強化瑤池金母信仰意涵及教化的精神濃厚，該會結構嚴謹，章程條目分明，任務分組專職負責，定期辦理弘道宣講活動、靜坐共修班、醫學氣功班，展現出中區慈惠堂聯合組織的凝聚力與向心力。

## 四、中華無極瑤池西王金母教會

政府宗教法令鬆綁後，民間教派紛紛申請成為全國性宗教團體，中區慈惠堂積極推動瑤池金母信仰的精神，激勵北區慈惠堂起而效之，因此由中壢慈惠堂陳燦宏董事長〔註 35〕發起向內政部申請成立全國性宗教組織──「中華無極瑤池西王金母教會」，於民國 97.5.30 經內政部核准，文號──「97.5.30內正部台內社字第 0970088991 號文」准予籌組「中華無級瑤池西王金母教會」

---

〔註 34〕此資料由「台灣省慈惠協會」名譽理事長曾紳科先生提供。

〔註 35〕全國慈惠堂中有 2 間申請成為財團法人組織，一為中壢慈惠堂、二為花蓮慈惠石壁部堂，因為財團法人組織，所以有董事長之職稱，陳燦宏先生擔任董事長，其父親陳清富老先生現年 80 多歲，也是參與瑤池金母顯化緣起的第一代契子女。

並於民國 97.6.9 公開徵求會員，公告網站——中央日報網路報，於民國 97.6.18
正式發函通知全國各地慈惠堂，民國 97.8.3 召開第一次會員大會，會中選出
第一任會長爲陳燦宏先生，往後如要成立慈惠堂，可以直接向「中華無級瑤
池西王金母教會」申請成爲團體會員，即算是加入瑤池金母慈惠堂系列，無
須向當地道教會申請。目前各地慈惠堂成立，需進行三個動作才算符合天界
（無形）人界（有形）的正當性：

　　（一）向當地道教會申請登記爲團體會員。

　　（二）向政府申請寺廟登記。〔註 36〕

　　（三）再向聖地慈惠堂總堂迎請令旗及奉請「懿旨」金牌一面，〔註 37〕
表是得到母娘的認證與護佑，進入瑤池金母信仰的系統，協助母娘完成度世
收圓的任務。是否完成上述三項歷程，完全是自由意願，總堂並無強制，這
也是至今無法統計出全國慈惠堂數目的原因。

　　慈惠堂的組織是以堂主個人爲中心（Overmyer & Jordan，2005〔1965〕：
118），〔註 38〕堂主幾乎是創堂者或由契子女、堂生透過選舉或擲杯方式產生，
〔註 39〕堂主是終身職，也是堂的領航者，慈惠堂的設立，其開端皆因信眾體
驗到母娘的「靈驗」力量，也就是產生密契經驗，或者受母娘的降示，或者
因爲感念母娘的「神恩」，而迎令旗、塑金身、設堂來幫助母娘完成「渡世」
的宏業。

　　母娘的「靈驗」強化了契子女的信心，設立慈惠堂則是母娘「靈驗」的
顯揚，並非因爲組織的運作或人爲的教化而設堂，這也是慈惠堂在沒有嚴格
組織系統的情況下，仍得以迅速傳播開來的原因之一，慈惠堂信仰的擴張完
全建構在母娘與契子女的密契經驗，與總堂的縱屬關係非常薄弱，聖地慈惠
總堂承認各堂的獨立性與堂務推行的彈性，只注重某些基本的組織和道德的
準則。聖地慈惠總堂並不認爲自己對分堂的鎖事有什麼責任，他們的角色是
提供一個可識別的中心，讓各地慈惠堂自由發展，即使經卷的生產與散佈，

---

〔註 36〕寺廟登記法則可參閱政府制訂之「寺廟登記規則」。

〔註 37〕以前金牌一面壹萬元，目前是壹萬伍千元，大部分慈惠堂都會請領一面金牌，
　　　　但有的也省略。

〔註 38〕大部分堂主也扮演乩生的角色，或問事或扶鸞，如松山慈惠堂郭堂主兼任問
　　　　事工作，台北慈惠堂潘堂主是扶鸞乩手，行德慈惠堂林堂主是濟公乩手。

〔註 39〕第一代堂主都是創堂者，目前傳到第二代或第三代，產生方式就各有所異，
　　　　有的是傳子、有的是傳賢。

也讓各分堂自己去做（Overmyer & Jordan，2005〔1965〕：120）。

聖地慈惠堂是瑤池金母信仰發源的聖地，母娘精神的象徵中心，對各地慈惠堂並無管轄與直接隸屬的關係，每一個慈惠堂都是自立自足的單位，但彼此聯結著對瑤池金母共同的信仰與度世收圓的宗旨，只要「子正母就靈」就會成為一個擴散分靈的中心點，堂主、堂生、契子女都是母娘的效勞生，都是自願的，不是因應組織的需求或人為的運作，這樣的信仰組織可說是「無為而治、各自獨立、自由發揮、各顯神通」，也是「異中存同」、「同中有異」。

## 第三節　教義經典與原生信仰活動

### 一、教義經典的取得

慈惠堂有無教義經典一直是被關注的問題，（陳立斌，2004）而其信仰活動也無統一呈現，作為一個教派能如此興起信仰風潮，必有其因由與信仰的核心教義，第三章第四章將針對此問題予以論述，目前被奉為慈惠堂瑤池金母信仰的教義經典是《瑤池金母普度收圓定慧解脫真經》，對於此部經書的取得，見之《瑤命皈盤》第三十一回「北方求取母經卷，南山採伐筆桃弓」，也是當初母娘顯化的神蹟故事（羅臥雲，1967：86）：

> 至中華民國四十二年歲次癸巳一月二十五日降示：命簡丁木、陳金茂、林龜里三人，在二月初二日之三日前，各要淨身，持素，戒殺，並要當空虔誠敬排香案三天，至初二日早，三人同到北方求取瑤池金母渡世真經回堂，以資早晚恭誦。

三人歡喜北上求經，無奈東奔西跑、南求北問，一連跑了數天，仍無著落。

> 一日，正在低頭苦悶，摸無頭緒之際，忽然聞得香烟撲鼻而來，抬頭看處，卻見經過一家店家前門上掛著一匾，橫書三個金字曰：「樂善壇」，探首向裡面一看，中奉太上神位，燈燭輝煌，佈置莊嚴，見一位少年道人，急上前叩問，瑤池金母渡世真經，該少年道人，即轉身上樓，未機又同一位老道長下樓，彼此介紹，方知此位道長，就是劉培忠先生，乃得道高人，一聞瑤池金母真經，謂自中華民國三十九年歲次庚寅降著一部「瑤池金母收圓定慧解脫真經」，即出數

冊與之，三人同向劉道長感謝，歡喜而回，眾相參研，此時方知王
母娘娘，就是瑤池金母娘娘是也。

據考《瑤池金母普度收圓定慧解脫眞經》乃日據中期以來，著名詩人兼
北部地區著名鸞手〔註40〕杜爾瞻於民國39年在餘慶堂扶鸞著書而成，餘慶堂
是台北有名鸞堂（王見川，2000），杜爾瞻當時由扶鸞著成多本善刊，《瑤池
金母普度收圓定慧解脫眞經》是當時他所扶之書《無極瑤池老母十六部金丹》
的第七部。

《十六部金丹》共有十六部，每一部有十六篇鸞詩，每一部經文都在描
述內丹的修煉方法，其中第七部就是簡丁木北上取得的《瑤池老母普度收圓
定慧解脫眞經》，聖地慈惠堂取得此經之後，將書名更改爲《瑤池金母普度收
圓定慧解脫眞經》（陳立斌，2004）。

目前各慈惠堂將此經作爲早晚課誦本，或法會必誦經書，經典的眞實意
涵卻未能多加深入，對《瑤池金母普度收圓定慧解脫眞經》的誦唱也成爲契
子女共修的一種方式（Overmyer & Jordan，2005〔1965〕）。《瑤池金母普度收
圓定慧解脫眞經》融合了儒、釋、道三教教義精髓，旨在宣達透過定慧達到
解脫之道，〔註41〕是慈惠堂契子女修行之指南，也是瑤池金母信仰者日常行
爲實踐的依準，透過教義經典的傳揚，型塑信仰文化，除了維繫信仰動力，
也是社會穩定的基石（李亦園，1978）。

## 二、煆身修練活動

慈惠堂的原生信仰活動：煆身〔註42〕，或稱訓身（hun-sin）、煆身（tuan-sin）
（朱惠雅，2004），紀錄煆身的一手資料是《瑤命歸盤》，第一個者身分描述
這樣的活動的是歐大年、焦大衛（Overmyer & Jordan，2005〔1965〕），《瑤命
歸盤》第三十三回「練神功嚇殺丁木，除痼疾妙化神威」（羅臥雲，1967：95）：
民國44年2月25日降示：要指定四名婦人淨身素食，穿著青衣，3
月一日晚起打坐訓練身心，（……）只見指定四人如坐禪方式，瞑目
屏氣，雙手接放臍下，直做到12點未見有動靜，至一點左右，簡丁

---

〔註40〕扶鸞儀式中擔任正筆生者，透過天人合一的密契以鸞筆寫出仙聖訓示之文章。
〔註41〕此意涵將在第四章慈惠堂神學思想中論述。
〔註42〕本文以煆身稱之，煆同煅字，火氣猛烈之意，煅同鍛，大火燒鐵再搥打成型，
　　　　中和慈惠堂鸞文以煆身出現，故在此沿用之。

> 木先自安眠去了，未幾該四個婦人，雙手合十，或上或下，或左或
> 右，搖頭動體，雙眼緊閉，氣喘吁吁，面色或青或白，汗流如雨，
> 忽又拍掌打腿捶胸擦足。

簡丁木一時嚇得魂不附體，不知所措，只好焚香請母娘指示，想不到一連都是笑杯，質疑母娘一向威靈無比，何以此時毫無所應，一時念頭百出，無限憂愁，游氏亦極盡虔誠懇求，仍無所應。

> 一直跳到天色將曙，四人漸次低下跳躍，未幾醒來，（……）四人皆
> 曰：初做一二個鐘頭時並無有何動靜，後來漸覺精神困疲，頭垂心
> 跳，手足麻痹，氣喘眼昏，理智漸次昏迷，全身的筋骨皆被控制著
> 原有的自由，在手足麻痹之時，越打越舒服，越跳越輕鬆，但在跳
> 練時，初是黑暗無光，漸見金光燦爛，景色優美，有世所未見的樓
> 閣，金城又看見甚多神仙，金冠玉帶，袍甲輝煌，千變萬化，猶如
> 身入天宮，飄飄不知所措，快樂異常於今，醒來感覺精神舒服，手
> 足靈活，雖是一夜無眠，猶覺得爽快輕鬆。（羅臥雲，1967：99）

後扶乩請示，詩曰（羅臥雲，1967：100）：

> 無庸小事自煩神，訓練精功健體身，百病消除延福壽，先天妙法已
> 傳人。

眾人體會詩意後，方知是健身練體的功夫，自此之後，每晚皆有多人祈求得賜打坐，以健身心。

> 數百人中，各人跳動多所不同，有仍坐著搖頭擺腦者，雙手拍掌者，
> 伸拳擦掌跳舞倒翻，左右打滾，迴旋如輪，一人一樣，個個手足冰
> 冷，氣喘吁吁，面色蒼白或欲嘔吐，或打呵欠，或眼淚流不，或跑
> 走如飛者，形形色色，最不可思議之處，即是有那老病痼疾，莫不
> 用手摸擦痛處，或不舒服地方，或一二個鐘頭，或數十分鐘，輕者
> 或一二次或數月不息者，其在不知不覺之間，原來的宿疾莫不應勢
> 而除，因練而癒。（羅臥雲，1967：101）

因此遠近咸知，慈惠堂瑤池金母威靈顯赫，練身不但可以健體，而且可以癒病，實是世所未聞奇蹟。歐大年、焦大衛認為這是慈惠堂最顯著最重要的特色之一，每一個人都可以煆身，似乎是靈媒的一種大眾化，所有的人都相信神靈會選擇他，而與乩童的分別是：清晰的附體只是短暫的知覺強化，而不是一個長期神職（Overmyer & Jordan，2005〔1965〕：121）。

# 小結

　　慈惠堂瑤池金母信仰能夠快速傳揚，煆身的密契經驗〔註 43〕是重要原因之一，這樣的經驗將信仰提昇到更高層次（Louis. Dupre，2006），透過這樣的體驗，契子女對母娘的信仰產生無法切割的連結，甚至超越教義或組織認同。

　　慈惠堂興起於瑤池金母的「聖顯」與密契經驗的延續，共同的聖號、堂號、青衣、度世收圓的任務，讓彼此異性一家親，傳揚 60 年，型塑母娘的信仰文化，信仰活動演變如何？下一章我們將進行探討。

---

〔註43〕以上所描述即是神靈附身的訓練，見《瑤命皈盤》頁 101，類似密契經驗，幾乎契子女都有體驗過。

# 第三章　發展與信仰活動

　　本章將探討慈惠堂瑤池金母信仰在台60年來的發展，歷經政府的介入、知識份子的定位、轉型、傳揚，終於成為道教的支派，各地分堂的兼容並蓄，發展出融合信仰的型態，從原生的信仰活動、儀典到轉型後的多元並舉，融合儒、釋、道宗門，呈現出多樣豐富的瑤池金母信仰活動。

圖 3-1　筆者 97.6.29 田野調查時於聖地慈惠堂留影

# 第一節　慈惠堂的發展

## 一、政府的介入──從民間走入道教會

當母娘靈驗事蹟傳揚不斷，分堂拓展快速時，相對引起政府與民間疑慮，尤其政府一向對民間教派總是抱持敏感、禁抑的態度，民國 37 年（1948）即頒布「查禁民間不良習俗」，所以民國 38 年（1949）後民間信仰活動受到相當程度的禁止，迎神賽會、一貫道、鸞堂也難逃監禁，（張珣&江燦騰，2003：97）尤其政府出版的宣導品也常將跳童起乩塑爲迷信的行爲，或是製造污染，騙財騙色，更認爲乩童之存在實爲社會一大隱憂，而抱持著「加強管理」與「取締禁制」的立場。（陳藝勻，2002：22）

一貫道在民國 42 年 2 月 10 日（1953）被內政部引用「查禁民間不良習俗」辦法，將之列爲邪教而查禁，〔註1〕雖然民國 52 年（1963）宣佈解散，但治安機關並未放鬆取締，之所以會受到政府的取締，原因很多，如政治、教義等，但主要因素仍是政治問題，〔註2〕因爲宗教信仰在歷史上，常被野心家利用借以號召、組織群眾，起而反叛當政者，造成動亂甚或改朝換代（王志宇，1987：01），如同後來慈惠堂必須拿去分堂字眼般，嚴禁出現「總堂」、「分堂」縱屬與統攝性的關係，而民間對未所了解的教派也容易因爲傳說、宣導，形成邪教的觀感，慈惠堂與一貫道，除了在主祀神靈──瑤池金母、無生老母稱謂上容易讓人混淆外，一樣在戰後掀起信仰的風潮，政府殺雞儆猴示範性的防堵，讓慈惠堂的存在與傳揚，處在詭譎不定、飽受箝制的氛圍及政治陰影的籠罩下。

民國 51 年（1962）政府依然監控一貫道，同時注意在台活動的日本創價協會，又剛好日本新興的「舞蛹之教」教主過境台灣，慈惠堂台北分堂集合信徒，舉行盛大歡迎活動，更引起社會大眾注意與驚奇，紛紛議論：慈惠堂是日本新興宗教之分支？亦是一貫道的支線？當此時政府欲將慈惠堂定位爲邪教時，第 63 代天師張恩溥發表宣言，將慈惠堂定位爲道教中的瑤池派，在接受記者訪問時說道：

> 本省各地慈惠堂系奉拜瑤池金母，俗稱「王母娘娘」；爲道教最普通供奉之神。總堂設於花蓮。瑤池派即屬於丹鼎道派，奉王母爲主

〔註1〕一貫道在 1987.1 月正式獲得內政部認可。（宋光宇，1995：177）
〔註2〕（周益民&王見川&林美容，1997：47～48）

神。……該派授法之始，練習外功時，道外人觀之，有似跳恰恰、
打醉八仙、翻筋斗、演太極拳。更有疑爲邪教作風者，更爲不明該
派之內容，出之誤會所致。

據記者轉述：天師張恩溥深望各界善心人士，不要以爲慈惠堂爲邪道、
巫術之流，或迷惑欺騙眾社會大眾者，給他們表現的機會，參與他們的聚會，
多瞭解他們的信仰。這樣的談話，緩和了當時緊張的情勢，也爲慈惠堂的宗
教合法地位打開一條生路。（王見川，2000）

各地慈惠堂有的逐漸加入當地道教協會，民國 55 年 11 月（1966）內政
部據報慈惠堂已擁有 45 個分部堂是不小的勢力，準備再予以取締，總堂接獲
消息，遂由堂主傅來乞等人聯名報請張恩溥天師，請求派員整理堂務，張天
師遂於民國 56 年 3 月 27 日（1967）出席慈惠堂堂主聯席會議，並發表演說，
再次強調慈惠堂乃道教系統，各地慈惠堂業已加入道教團體爲會員：（姜憲
燈，1979：43）

> 宗教的基礎，建立在人心的皈依上，慈惠堂供奉瑤池金母爲主神，
> 本是道眾修行的道場，屬於中華道教，所以慈惠堂自成一個有體系
> 的精神社會。慈惠本堂及各分部堂，都加入了當地道教會爲團體會
> 員，就是宗教團體。依我國現行法律之規定：各級慈惠堂在法律上
> 都有行爲能力；可視爲權利義務的主體。

隨後各堂堂主形成共識發表聯合宣言（王見川，2000）

> 慈惠堂是修行的道場，供人禮拜而不爲人禮拜，屬於中華道教，自
> 成瑤池道派，各堂對於信待的登記和堂主的遴選，是以矢志修行、
> 維護國家民族利益爲基本條件，我們認爲奉道的人必然是奉公守法
> 的人，慈惠堂內不容許任何離經離道違警違法的活動存在，各分部
> 堂每年有定期的自清，以遴選信徒代表組成隨香團，前來花蓮聖地
> 參加祝聖神典。我們對極少數認爲中國人奉道也是迷信的人所直接
> 給予我們的誤會表示惋惜。

> 慈惠堂是自給自傳自然發展的中國固有宗教團體，佈教的目標與國
> 家民族的目標一致，行教的活動力求與民生主義社會政策相配合，
> 我們不干與政治，不需要國際的支援，我們只有一個願望：爲復興
> 中華道教、復興中華文化而努力，以報　神恩。

經過此次會議的宣示，慈惠堂正式成爲中華道教之一派，變成合法宗教

團體，大致免徐了官方的取締，正式加入「中華民國道教會」，成為道教會中主要的廟群，而道教會人員亦參與慈惠堂堂務，﹝註3﹞慈惠堂至此獲得合法身份，走出一條生路與寬路，可以公然以道教會名義，發展堂務，傳揚信仰，這也是慈惠堂從民間走入道教成為「瑤池派」的緣由。

張恩溥天師的舉動不僅替慈惠堂開展出生機，亦對道教會在台之活動與延續找到新的路徑，並壯大組織，﹝註4﹞在中華民國道教會的運作過程中，一個重要的功能恐怕是提供慈惠堂、鸞堂、一貫道等民間宗教，予以合法的身份。鸞堂在60年代中期也加入道教會就是另一個例子，從此慈惠堂成為道教中的瑤池派、丹鼎派。（王見川&李世偉，2000）

## 二、知識份子尋求神格定位與轉型

代表慈惠堂知識菁英的竹山慈惠堂堂主林國雄亦一直為瑤池金母信仰，尋求定位與釐清模糊，所以他在《西王金母正信之發展》（1990）中提及：

> 道教西王金母在台灣地區之發祥已40年，但各地慈惠堂的神事作為，仍然不免引起議論，所幸民國51年第63代天師張恩溥發表公開談話，認定慈惠堂係道教一個宗派，才穩住慈惠堂過去發展過程中所曾經出現的混亂情形。在本堂（竹山慈惠堂）第一個十年發展期間，政府的宗教行政長官，不免將各地慈惠堂務認為一貫道善加取締。

從以上摘錄可想見政府對慈惠堂的態度，以及民間一般人對慈惠堂與一貫道混淆的認知，這也是過去各地堂務推展遭到困難的原因知一，因此林堂主一直尋求瑤池金母的神格定位，也因他的牽引而將母娘信仰與道教接軌，林國雄也積極展開整編慈惠堂教義的宏道任務，他說到（1987：0）：

---

﹝註3﹞ 慈惠堂進入道教會主要主導人物為徐榮，他是中華民國道教會首任秘書長，為竹山慈惠堂堂主林國雄摯友，原為軍人，曾任軍中「宗教聯繫輔導小組」成員，1964年起負責宗教相關工作，退役後，參與「中華民國道教會」之籌組，為該會成立後之秘書長，亦曾兼任花蓮慈惠總堂秘書。（廖靜寬編輯&林國雄校閱，1986）

﹝註4﹞ 張恩溥天師之所以有以上的作為，有兩個可能原因：1.當時正欲籌組「中華民國道教會」、2.在台無有力支持者與寺廟。也就是說，張天師基於尋求群眾與道教勢力考量，才公開為慈惠堂背書。

慈惠堂兼容各地方的通俗信仰和科儀，所以慈惠堂不免受識爲沒有
教義。慈惠堂眞的沒有教義嗎？慈惠堂既係道教內的一個宗派，道
教教義應即是慈惠堂信奉的教義，只是尚未有系統的整理而已。爲
破除上述錯誤之印象，本堂乃有編輯西王金母專書之議。

林國雄編撰之《西王金母聖略之研究》一書，以探討西王母的神格演變
爲主，且將母娘定名爲「西王金母」。另記載道藏收錄之道書，他企圖將「無
極瑤池金母」提升爲「洞眞西王母」，甚至以「洞眞西王母」來編收一切民間
流傳的「母娘經典」，從教義上採納道教西王母既有的經典，兼收明清以來民
間鸞堂扶著之善書。因此，將「慈惠堂」提升爲「瑤池丹鼎派」，將「無極瑤
池金母」定名爲「西王金母」便是林國雄弘道的兩大方向（陳文斌，2004）。
胡潔芳於《慈惠堂的發展與信仰內涵之轉變》（2000：109）一文的結論中如
此敘說：

> 以林國雄爲首的這批人，代表著一群慈惠堂體系內的知識精英，
> 而知識份子在宣講教義上，比一般信眾的理解也表現的更出色
> （……）慈惠堂憑藉著靈驗與悸動快速擴展，然而遇上政府單位
> 對於此種宗教活動充滿疑慮的態度，面臨種種壓迫與限制，在這
> 種環境下，慈惠堂開始與道教（會）接觸，整理《瑤命皈盤》後，
> 卻發現現在的慈惠堂似乎與當年面貌不同，而道教（會）的介入
> 正是關鍵之所在。

田調當日（民國 97.7.30）訪談到林堂主之弟林國隆，他於民國 91 年（2002）
創立「慈惠丹眞派」，強調修眞煉丹，[註 5] 傳下玄都三壇律規，教規多採全
眞教戒規，是融合慈惠堂信仰與全眞教信仰的團體，可說延續瑤池丹鼎派的
精神，再做傳揚。

## 三、兼容並蓄、吸納融合

林國雄將慈惠堂瑤池金母的神格，從民間聖靈顯化的靈驗女神，提升
接枝於道教西王母，除了出版書籍，尋求定位與轉型，更於人事上積極奔
走，[註 6] 終於民國 56 年納入道教，讓慈惠堂成爲正統合法的教派，擁有
正式的稱呼，這是官方與學術上的紀錄，知識份子、有心人士可以從文獻

---

〔註 5〕道家所講的，煉精化炁，煉炁化神，煉神還虛，結丹成道。
〔註 6〕此事見註 3。

上瞭解這一段脈絡，但是各地慈惠堂的發展呢？一般契子女雖然建構了隸屬道教的概念，但實際上卻是依循自己的法則，並未限縮在道教範圍，自由、廣大的吸納、融合民間其他信仰現象，或納入非以慈惠堂為名號，而實際上是以瑤池金母為信仰主神的宮堂廟宇，發展成今日複合型的慈惠堂瑤池金母信仰，例如台中谷關大道院系統，下設中樞院、玄樞院、文樞院〔註7〕、監樞院，也加入中區的「台灣瑤池道脈聖教會」為會員，不僅參加組織活動，而且有舉足輕重的地位，〔註8〕諸如草屯無極瑤池慈聖宮、〔註9〕「中華民國悲明志業妙德公益會」主祀之神為「悲明元君」，〔註10〕該會每月舉辦義診，力行公益與社會服務，倡導靈體合一的修行，廣納知識份子參加，為新崛起的慈善修行團體，亦受邀加入聖教會，只要是拜母娘的堂、宮，雖然沒有以慈惠堂為名，我們都歡迎他加入母娘的信仰系列，〔註11〕另外屏東金母宮、台東金母宮、〔註12〕或大坪金母宮，以金母宮為名者也都是以瑤池金母為敬奉主神。另有一種結合觀光商業性的慈惠堂，位於嘉義竹崎交流道下的世明慈惠堂，備有可容納1500人的餐廳，可提供南下參訪的各宮堂作為休息、參拜、或用餐的中途站，依著時代性的發展，謀求另一種型態的信仰傳播。〔註13〕

---

〔註7〕 全名是文樞院中台慈惠堂。

〔註8〕 台中谷關大道院為過去著名企業——肯尼士董事長羅光男之父親羅日昌所創，羅日昌曾擔任豐原慈惠堂的主委，創立之時名為「慈惠統合大道院」，後由羅光男接手，改為「谷關大道院」，民國70～80年中部地區扶鸞活動盛行時，大道院也有扶鸞，因為同樣敬拜母娘，曾活躍於瑤池金母慈惠堂系列，以企業支持信仰，目前比較低調，但在中區仍是具有份量。民國97.7.27聖教會97年度會員聯誼大會即在大道院召開，羅理事長亦捐獻禮品，並擔任顧問團長。（見台灣瑤池道脈聖教會九十七年度會員聯誼大會手冊）。

〔註9〕 「台灣瑤池道脈聖教第一屆第二次會員大會手冊」列為「慈聖宮慈惠堂」，堂主黃碧霜，據名譽理事長曾申科先生說她是道教全真派繼承人。

〔註10〕 據會長說：「悲明元君」就是觀世音菩薩的一個化身，「元君」的稱呼是道教對於女性神明的尊稱（李豐楙，1987），公益會目前為家宅形態，但小兵行大功，落實於濟世之事，成立8年，會訓為：「慈悲為懷利人天，光明正大天地炁」，曾獲內政部頒獎為優良公益團體。

〔註11〕 聖教會名譽理事長曾紳科先生說：「應該將瑤池金母信仰廣義化，只要是發揮母娘慈愛精神、濟世度眾的宮堂都要鼓勵他加入，不要自縮自限。」

〔註12〕 以上兩堂是由法華山慈惠堂分靈而成立之宮堂。竹北慈惠堂改名為天靈山慈惠母宮。

〔註13〕 據世明慈惠堂的陳師兄說，原本堂主是在嘉義慈惠堂參拜，後來自己出來開堂，對天呼請母娘就雕刻神尊成立，並未到總堂請令旗或到嘉義慈惠堂分香。

　　慈惠堂從民國 38 年（1949）金母顯化興起，快數擴充分堂，引起政府介入、歷經知識份子尋求定位與轉型，至民國 56 年（1967）成為道教瑤池派，經過 20 年，才讓教派定位，讓母娘的契子女、信仰者擁有一個合法正統的身份。

　　各地慈惠堂的運作是自由蓬勃的，維持在「統中有獨」與「獨中有統」的發展莫式上，「慈惠堂」是共同的堂號，「青衣」是契子女的標誌，這是「獨中有統」；各堂獨立運作、自由發揮是「統中有獨」，（鄭志明，1999）但都秉持著瑤池金母信仰的精神，宏揚母娘濟世救人的宗教使命。

　　各堂的發展，瑤池金母信仰是不變的核心教義，卻吸納融合了民間其他法術與祭祀禮儀，除了原生的信仰活動與儀典，在多元並舉、因應時代而改變的轉型信仰活動，吸引了社會各階層的信眾與契子女，不但擁有直接與母娘產生密契經驗的契子女、信仰者，也引進同樣信仰精神的其他宮堂與相應的宗門，形成今日兼容並蓄、融合型態的慈惠堂。下一節我們將探討原型的信仰活動、儀典與轉型的變化。

表 3-1　慈惠堂 60 年來發展拓堂的資料

| 年代 | 分堂數 | 資料來源 |
|---|---|---|
| 民 56 | 60 餘間 | 鄭志明，1984，《台灣民間宗教論集》台北：學生 |
| 民 58 | 72 間 | 《慈惠總堂簡介》，聖地慈惠堂，1969 |
| 民 68 | 208（日本、沖繩各一處） | 姜憲燈編《慈惠堂史——瑤池金母發祥三十週年紀念冊》，民國 68 年（1979）所記載所收錄之堂 |
| 民 75 | 400 間以上 | 林永根〈漫談台灣光復後的新興民間信仰與宗教〉，《台灣文獻》37 卷第 1 期，1986 |
| 民 86 | 804 間（向總堂登記） | 王見川〈慈惠堂與張天師〉（王見川&李世偉，2000） |
| 民 92 | 978（總堂登記） | 朱慧雅，《松山慈惠堂靈驗經驗之研究》輔大碩論，2004 |
| 民 97 | 1000 餘間 | 總堂副總務張先生提供 |

製表人　蔡秀鳳

表 3-2　慈惠堂 60 年來發展拓堂狀況圖

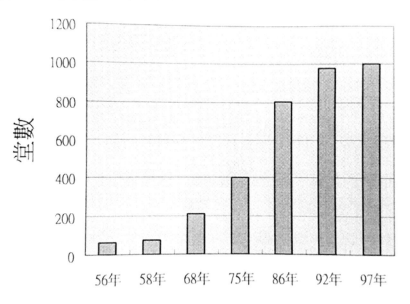

製表人　蔡秀鳳

圖 3-2　民國 97.3.8 筆者參加聖地慈惠堂進香時，其他慈惠堂煅身之師姐。

蔡秀鳳攝影

## 第二節　信仰活動的演化

### 一、具有特色的原型信仰活動與儀典

#### （一）焄身：

母娘顯化之時，即在民國 44 年（1955）降下焄身（參閱第二章第三節）之功夫，這是慈惠堂瑤池金母信仰具有特色的原型信仰活動，也是獨特的密契經驗，早期皈依金母的契子女幾乎都曾經體驗過。根據體驗過的信徒描述如下（羅臥雲，1967：102）：

> 神靈附身的訓練，使汝身心不由自主的亂跳、亂跑、氣喘神移，甚有唱歌賦曲，怒笑哀哭，亭中叩頭，地上打滾者，並不但是強身健體的運動筋力，並能消除痼疾老病而已，換言之，就是爲吾人解脫自從無始以來的業障災殃，並加消滅近世以來所做的冤愆也。

此外，早期的研究者也對慈惠堂的焄身／練身作客觀的描述（Overmyer & Jordan，2005〔1965〕：120～121）：

> 練身在這裡是指一種迷狂的狀態，通常伴有揮拳擊掌，或以極快的頻率反覆將兩手輪流伸出，使人體促動起來，據說這特別有益於健康和治病。在迷狂時，所有信徒都會降僮和跳神，這一事實，被慈惠堂認爲是他們宗教最顯著、最重要的特色。

當一群人在一起訓練時，類似集體靈動，這樣的「焄身練體」，肯定了每個人的獨特性，並創造出與母娘的連結方式，每個人都有機會，都是母娘的原生子女，可以體會到所謂的「母親意象」（mother image），護佑者、養育者的母親原型概念（李豐楙，1996）。歐大年（Daniel L. Overmyer）認爲是靈媒大眾化，而個人在有自覺的狀態中，與靈界力量相接通，並產生肉體上的擺動狀態，進而達到一種身心暢快的效果，接近於傳統所謂的「文乩」[註14] 但又不盡相同，因爲它已經被當做是可以施行在每一個人身上的一種富有計劃與自覺性的修行方法（丁仁傑，2004）當慈惠堂進入人道教後，道教張恩溥天師對於焄身的說明，他認爲慈惠堂是瑤池派即屬丹鼎道派（羅臥雲，1967：120）：

---

〔註14〕道教有所謂五寶，傳統看到的乩童會操練五寶，如鯊魚劍、刺球、寶劍；而焄身動作或大或小或舞或跳，卻無操練法器，較爲柔性的起乩，謂之文乩。

其修行功夫有內丹、外丹之分。由守戒不渝，立德立言立功而成者，為外丹；由健全體魄，雙修性命而成者，為內丹。外丹內丹相互倚重。鍛鍊身體、驅走病魔、使氣血調和，身心愉快，為內丹中之外功也，打坐守竅，由小周天而大周天，鍊精化炁，鍊炁化神，是為內丹中之內功也。練習功夫，始自外功。傳受其法，先教以自由跳動，以求身體上下健康部分予以活動，進而按其修行所得，再授以鐵拐仙指路訣，白玉蟾虎撲食形，（……）迨外功有相當進展，然後授以內功──初坐入手諸訣竅，（……）練習外功時有似跳恰恰、打醉八仙翻筋斗、演太極拳（……）實則旨在健身除病，延年益壽，更進而作內功之修練而已。

以此解說煆身，是對社會大眾提出理論性合法性的說法。林國雄則認為是道教中更不拘形式的先天乩（聖乩）[註15]與練體健身（林國雄，1990：14）。

據筆者的親身經驗與田調，有的契子女強調自己真的無法控制煆身的動作與神奇的體驗，有的認為自己仍然可以控制，而筆者的體驗則是當全然投入、放空身心時（渾然忘我），確實無法控制，時間雖久，身心有一種釋放與輕鬆的感覺，老一輩的師姐告訴我：這也是一種「靈動」現象，[註16]如同基督教的真耶穌教會，也有集體靈動的現象，與目前的外丹功（雙手甩動調節氣息）、法輪功，[註17]都有部分相似的原理。

當初瑤池金母降下這樣的功夫有其時代性的意義，初始選練的都是婦女，因為她們為了幫忙負擔家計，平日勞務深重，筋骨疲乏難擋，又無餘力診治醫療，所以降下健身強體的神功，藉由這樣的鍛鍊，除了恢復身體健康，也讓契子女進入靈動現象，達到神人合一的密契體驗，持恆練之，除了消解痼疾，也慢慢導入修行的領域。[註18]法華山第一代堂主羅臥雲即是因22歲

---

[註15] 「靈乩」，指的是契子女與母娘合為一體，成為母娘顯化的靈媒，是神人溝通的媒介，將母娘的意願與啟示，經由起乩的過程傳達給大眾。「聖乩」異於「生童 chheN-tang5」、靈乩，不只是被神附身的乩，是乩手本身自我內在修持，達到人神合一，是人達到神聖境界的乩（陳立斌，2004）。

[註16] 靈動就是使靈能按照宇宙自然的軌道和韻律來活動的意思，有時候身體還會因此跳起舞來（朱惠雅，2004）

[註17] 外丹功為雙手甩動調節氣息，法輪功強調宇宙運行法輪與自我法輪結合，沒有大動作揮舞，但也是以激發自我的內在能量為主，產生自我療癒能力。

[註18] 「久而久之自然消除冤業──外功肢體訓練已足，慢慢來自有神仙暗中護汝

起即患有心疾與頭昏，在 47 歲那年，經過一年的煆身後，纏繞 26 年的宿疾終於得到痊癒（羅臥雲，1967：128），諸多經由煆身產生效用與密契的例子不乏可見，這也是讓慈惠堂拓展快速的原因之一。

　　然而這樣重要的煆身活動爲何在慈惠堂信仰群眾中慢慢消失？除了因爲時代進步，教育、經濟、醫療提升，[註19] 讓人有所質疑排斥練習外，有的人無法接受這種類似失控、無意識、跳跳舞動的行爲也是原因之一，實際上無法繼續盛行有其眞正因素，煆身的功用與意義本是屬於自我修練的修行功夫，但在缺乏適當引導與規範，自由鍛鍊的情形下，產生質變與形變，誠如松山慈惠堂郭堂主於田調訪談時（民國97.7.2）所說：

> 每個人煆身啓靈後，樣態、水準不一，有的哭嚎叫喊，有的踏撞很大聲，當初因爲醫療資源缺乏，所以母娘降下這樣的強身健體術，讓信眾感應入信，進而修行，有的是眞啓靈，有的是借神（題）發揮，所以我不鼓勵，修行要修自己的靈力，不要做「生童」，只能被借身，什麼都不知道，是不會進步的！

慈德慈惠堂陳堂主也說（民國97.7.16）：

> 啓靈後，神靈降身，有的就比起靈駕的大小，我是玉皇大帝、瑤池金母，你只是太子爺、王爺，應該聽我的指示，或者互相批判，人心的意氣用事，借神之名行己之意，導致衝突、口角、紛爭，後來乾脆取消煆身靈訓，或者統一只有一個靈乩。

中壢慈惠堂陳董事長亦說（民國97.7.6）：

> 有的人煆身啓靈後，便開口指示作這個、改那個，到底聽不聽？做不做？而且一人說一種，更亂，有的外堂來參拜後也啓靈指示，眞的頭痛麻煩，所以乾脆貼出公告，明白告示禁止在堂內煆身。

　　靈媒大眾化是獨特優勢，但也成爲致命傷，成也煆身敗也煆身，[註20] 當初母娘傳下這樣的法門，旨在引信入門，的確許多慈惠堂是因爲經由煆身

---

打坐內功靜禪妙訣，日日運氣、刻刻行功，萬魔自去，功果自臻，功果已立，祈求自然如意，生享平安之福，即列仙班之榮，永生彼天矣！」（羅臥雲 1967：102）

〔註19〕政府描述民間信仰現象時，常以迷信來宣導，經濟改善，醫學發達，醫療進步，健保實施，大家已經方便且容易就醫，自然仰賴醫學，少於相信此種類似自體療癒的治療方式。

〔註20〕慈德慈惠堂陳堂主所說。

密契經驗或療癒身體而發心開立，〔註21〕卻因爲時代因素、人的因素，式微而幾近消失。筆者除了認同三位堂立的說法，的確目睹聽聞類似的現象，因爲啓靈指示的分歧，也是造成另外開堂的原因之一，慈惠堂拓展快速，除了正面性的顯化感應，因理念或靈示的歧異而分立的亦有之，但後來還是會成爲交流的友堂，而這樣的分立其實不僅解決人事的紛爭，後來也是成爲推展母娘信仰的新動力（Overmyer & Jordan，2005〔1965〕）。

另外筆者也觀察到：煆身適合在較爲空曠的地方，才容易施展身手，有的堂在市區或家宅形式，場地有限，聲音、動作容易干擾鄰居，引起抗議或不滿，造成堂的困擾，在種種因素交相作用下，「煆身」逐漸走入式微的途徑，成爲母娘信仰活動的歷史。

進入煆身活動，其心理成因大都處在非常的現象，如病苦、困惑、生活失序或生命失衡，當然也有好奇嘗試者，此時處在非常的狀態，當靜心站定做好準備儀式時，解脫自在、獲得救贖或恢復正常的心理自然浮現，由非常返常，超自然的體驗令他們進入非理性或言語可以解說的境界與現象，由自然到非自然，〔註22〕猶如奧托（Rudolf Otto）所說的努曼經驗（numinous experience）。奧托是當代重要宗教學家（1869～1937），其《論神聖》一文深切剖析宗教經驗，奧托認爲宗教經驗的對象應以「努曼」（numen）稱之，祂令人畏懼嚮往，並感到深不可測的奧秘，因爲人無法說清楚或概念化。

奧托將「努曼經驗」歸納爲戰慄與迷人，因爲接觸到全然相異的他者（The Wholly Other），漢人信仰之爲「神」，強烈震撼的感受，讓人戰慄，迷人，因爲全然的他者，可以愛、溫暖的親近、以無比的溫暖包容、有限被延伸、軟弱被補強，無所拘束、釋放的感覺，這是神人合一的密契體驗，這是宗教的核心也是信仰的見證（武金正，2003：48～49）。

煆身在顯化初期發揮啓示與靈驗的效用，也是神人的溝通模式，獨特的密契經驗凝聚瑤池金母堅固的信仰動力，但進入新的世紀，信仰需淬煉再提昇。信仰是覺悟，覺悟生命的全部經驗，具有一種超越的向度，又是肯定，

〔註21〕 詳見姜憲燈《瑤池金母顯化感應篇》，1982，其中治病、感應共31件；《全國佛刹道觀總覽》——瑤池金母專輯（一～三），1986，〈開堂緣起〉。

〔註22〕 此處運用的是李豐楙教授所提出宗教信仰的文化心裡結構成因，常／非常、自然／非自然，即是人處在非常的境遇即想回返正常的世界，由自然進入非自然，就想再回返自然，是一個心理平衡結構機制，而這樣的結構是不斷在組合、重構，持續發生。

肯定在明顯的現象下有一更深刻的真實界（Louis Dupre，2006：164）。

　　煅身的經驗結合教義的研探與內化、修行，並落實為生活實踐，形成文化內涵，才能繼續傳揚，若能以提昇煅身意涵為目標，才能再現母娘信仰的特色，否則質變異化而逐漸消失，可能也是必然的過程。

　　（二）扶鸞：

圖 3-3　中和慈惠堂扶鸞儀式、小型鸞筆

圖 3-4　大型桃木鸞筆，需二人共同扶寫，今存放南台慈惠堂

蔡秀鳳攝影

「扶鸞」，又稱扶乩、扶箕，什麼時候開始有扶鸞的儀式？學術界有三種看法，Chao Wei-Pang 最先於 Folklore Studies 期刊發表〈扶乩的起源與發展〉（1942），作者引用宋儒沈括（1036～1086）《夢溪筆談》關於紫姑信仰的史料，認爲紫姑信仰是扶鸞的起源：「太常博士王綸家因迎紫姑，有神降其閨女，自稱上帝後宮諸女，能文章，頗清麗，今謂之《女仙集》行於世。其書有數體，甚有筆力，然皆非世間篆隸」；第二種看法：許烺光（Francis L.K. Hsu）的《在祖先庇護下》（1948）一書認爲人們會參予扶鸞，是因爲他們悼念往生的親屬，便希冀透過扶鸞儀式能與親屬溝通，以扶鸞儀式得知祖先身在何處？祖先什麼時候會轉世投胎等問題？因此，對祖先的思念與關懷是促使扶鸞產生的直接因素；第三種看法認爲始於道教信仰，康德謨（Kaltenmark）於〈太平經的觀念〉（1979），認爲陶弘景（456～536）編的《眞誥》就是一種降筆扶鸞的天書，天師獲得天書用以拯救人類。（陳文斌，2004），國內學者許地山在其《扶乩迷信底研究》（1941）中主張扶鸞大約始自唐代（紫姑或子姑信仰），原爲婦女的一種占卜遊戲。

王見川（1996）認爲所謂的「扶鸞」意謂神靈透過人推動桃枝或筆於沙盤上寫字，由一人唱出神意，另一人筆錄，這一整個過程叫「扶鸞」，感受神靈推動桃筆的人叫正鸞（乩、筆）生，唱出正鸞所寫出的文字的人叫「唱鸞（乩）生」或「副鸞正」，筆錄者叫「錄鸞生」、「錄乩」，參與扶鸞活動的叫「鸞生」，經由扶鸞活動寫下的文章叫「鸞文」，將鸞文校正結集出版叫「鸞書」（王見川 1996：199）。「鸞堂」則是以扶鸞爲主儀式的傳法道場或宗教團體，鸞堂爲儒宗神教傳法之道場，鸞堂之鸞字究係何來？「鸞」是一種神鳥，見則天下安寧，嘗於周初棲息西岐，啄雪砂成篆，以傳神意，儆示亂民，匡正世俗，遂稱鸞文。而後孔子見靈鸞以嘴尖寫字在沙上，而啓發靈感召集弟子定期聚會，虔誠請降鸞，後來因爲有時靈鸞請而不來，甚感不便，乃叩請上天准許採用桃枝，並製沙盤，選定有靈者加以煆煉，期使人靈通祖仙靈，以傳眞天意（陳南要，1974）。

「儒宗神教」的名稱於民國 8 年由楊明機等人扶乩而出，目的在統合台灣當時已存在同時供奉關聖帝君、孚佑帝君、玄天上帝、岳武穆王之恩主公信仰，鸞堂嚴格說來有二種涵意，一是廣義鸞堂，泛指使用扶鸞儀式進行神人溝通的組織，另一層面的意義是狹義的，所指的是以三恩主信仰爲核心所發展出來的儒宗神教（王志宇，1997：31）。鍾雲鶯則認爲扶鸞屬於薩滿宗教

中原始神人的溝通方式（1999：67）。

　　綜合以上說法筆者認爲扶鸞是神人溝通的方式，藉以傳達聖意，行之教化。或許由唐代慢慢流傳開來，經由道教仙眞降誥的書典文化得以發揚，道藏中有許多經典也是扶乩寫成的，陶弘景的《眞誥》與《周氏冥通記》就是個例子。李豐楙（1987）認爲：

　　　　陶弘景蒐集東晉楊（羲）、許（謐、翽）諸人所錄的仙眞誥語，也就
　　　　是屬於類似扶箕所寫出的文字。

　　台灣早期扶鸞團體正名爲「儒宗神教」，這些鸞堂崇拜的仍是道教神明如三聖恩主關聖帝君、孚佑帝君（呂洞賓）、司命眞君、或五聖恩主（三聖恩主加上豁落靈官　王天君、岳飛），以儒爲宗，以神爲教，在此之下傳揚扶鸞文化（陳立斌，2004）。扶鸞最初以文人爲參加主體，宋代時期流行於文人官僚之間，作爲文人聚會，詩性娛樂，盛行於清朝科舉時，增轉爲文人預測考題、功名之用，民間則用以斷訟問事（許地山，1941）。從文人的詩文游藝活動，轉爲功名題目的預測，已稍顯露宗教化的迹象，當民間大眾大量的參與，增加勸善的教化內容，則加重了宗教上的意涵（周益民＆林美容＆王見川，1997：21）。

　　據資料記載，清代中葉以前台灣已有扶鸞活動，（林文龍，1987）清末之後才出現許多以扶鸞爲主的鸞堂（王見川＆李世偉，1999），「鸞堂」崇拜的主神爲關聖帝君（恩主公），在稱呼上，李亦園稱之爲「恩主公崇拜叢」（1982），日據時代日本警察的調查報告則稱爲「降筆會」，〔註23〕目前，鸞堂大都以「儒宗神教」或「聖教」自居（王見川，1996）。鸞堂的領導階層一直到日據初期都是以文人爲主，一般大眾部份地參與鸞堂的領導階層中，光復後則轉變爲以一般大眾爲主，這是平民化的開始（王志宇，1997），鸞堂的運作與鸞書的教化從清末、日據時代、光復後，持續在民間傳揚。

　　母娘降靈的民國 38 年間（1949），民間扶鸞活動仍盛行，《瑤池金母普度收圓定慧解脫眞經》也是經由扶鸞指示，由簡丁木、陳金茂、林龜里三人於民國 42 年（1953）北上，於當時台北「樂善壇」取得，屬於鸞書系列，鸞書除了闡揚儒教之教化，亦兼具修行之引導。

　　母娘顯化之時所認收之契子女，大部分是未受教育之一般信仰者，因此傳下煆身練體之外功，消除病災與靈障，且經由扶鸞傳道來闡述教義、道理，

---

〔註23〕因扶鸞勸導台灣人戒絕鴉片產生功效，日本人因此稅收短缺，因此引起重視而專案調查。（王志宇，1997）

作爲內修、內化之內功，內外合一、外功內德，達到定慧解脫的境界。〔註24〕爾後慈惠堂也陸續出版眾多的鸞書，〔註25〕成爲各堂修行的參據，但仍以《瑤池金母普度收圓定慧解脫眞經》爲主要教義與修行寶典，下一章我們將會探討其眞實意涵及實踐情形。

在慈惠堂中「扶鸞」是早年重要的儀式與信仰活動，而扶鸞降示的內容往往成爲信徒行事的準則（Overmyer & Jordan，2005〔1965〕）從《瑤命皈盤》的內容可知初始夢示簡丁木要用神轎抬著以槓尖揮寫文字（羅臥雲，1967：82），後又採製桃弓筆（羅臥雲，1967：88），懸吊樑間的桃弓筆，竟自搖動寫出「天應人時」（羅臥雲，1967：92），這是扶鸞顯化的開始，自此行事機宜幾乎由扶鸞占示。

早年慈惠堂扶鸞風氣亦盛，〔註26〕如，松山慈惠堂、台北慈惠堂、新莊慈惠堂、中壢慈惠堂、慈德慈惠堂、南台慈惠堂、新營慈惠堂、玄峰慈惠堂都有扶鸞活動，〔註27〕扶鸞工具由早期的輦轎，到大型龍頭 Y 字桃木筆（兩人共同手扶），再進步到小枝 Y 型桃木筆（單人可操作），〔註28〕此次筆者到南台慈惠堂進行田調時（民國 97.7.24），採錄到他們的鸞文及早期使用的桃筆，田調訪談堂主之姑姑陳師姐，南台慈惠堂於民國 57 年、59 年扶鸞著書，出版印行《聖學龍華》《眞宗寶鑒》兩本鸞書，後來還有男、女兩個正鸞生，男的叫龍筆，女的叫鳳筆，主持問事。龍筆尚存，鳳筆已往生，目前每週二、五共修，若二、五逢初一十五則誦經、平時問事、扶鸞，採集到公告之鸞文：「靜下本性日常坐，放空自己、專心入靜，世俗放下，坐守玄關門（十字中心點爲眉心即玄關），持母娘聖號護體，觀想一道光由泥丸→玄關→喉關→心穴→丹田下二吋，心念唵字放光→由毛孔出。」爲靜坐丹道之修行指導，南台慈惠堂早期以扶鸞著名，目前還維持扶鸞活動，台北地區的中和慈惠堂從民國 71 年開始

〔註24〕《瑤池金母普度收圓定慧解脫眞經》的眞諦於第四章神學思想中闡述。

〔註25〕可參考（陳立斌，2004），下一章也會探討鸞書系統的思想內涵。

〔註26〕民國 40 幾年到 60 幾年是台灣鸞堂發展的一波高峰（王志宇，1997），慈惠堂除了延續本身的扶鸞活動，也結合了當時鸞堂的儀式，發展本身的信仰，民國 70 年～80 年又是一波高峰，尤其台中地區高達 26 家鸞堂。

〔註27〕可參閱（陳立斌，2004），有的扶鸞著書印行，有的指示修行或堂務，其中台北慈惠堂早年採用《瑤命皈盤》所示輦轎槓尖扶鸞，（台北慈惠堂創建 40 週年歷績沿記照片），另中壢慈惠堂陳董事長於田調訪問時（民國 97.7.4）表示，早期他們也是用輦轎扶鸞。

〔註28〕儒宗神教鸞堂，隨時代進步演化出「金指妙法」，即直接以邊普通的筆在紙上寫出鸞文。

扶鸞，持續至今仍然維持，並發行「瑤池雜誌」雙月刊。〔註29〕

　　王志宇（1997）認為慈惠堂的發跡可說是以瑤池金母信仰為中心，配合扶鸞的方式發展而形成，實則扶鸞是其中一個重要的信仰活動，旨在發揮教化與修行的信仰精神，也是母娘慈悲，為因應不同階層的契子女或信仰者所展現的法門，透過扶鸞達到全面性的普化，宣達信仰的核心教義。

　　鸞堂與鸞書的加入，讓瑤池金母信仰從語言傳播進入到文字傳播的階段，提升靈感文化的凝聚性與擴散性，間接為信仰灌注了新動源，提高信仰的神聖性，也帶動了世俗的傳播（鄭志明，1998），信徒在參與扶鸞的過程中，實踐自己內心的宗教價值，得到了快樂和滿足（張家麟，2005：68），而扶鸞這樣的活動在教育未普及的年代，確時發揮了移風易俗與勸善教化的功用，同時也建立母娘信仰的文化涵養。

　　在《瑤命皈盤》書中，記載了五十三首慈惠堂重要元老歸天後所降的鸞詩，如簡丁木、林九嬰、陳金光等人，如林九嬰於民國39年皈依瑤池金母，民國41年功圓果滿即奉詔回天，以下為其初次降鸞之詩文（羅臥雲，1967：141～142）：

　　　　先賢在世不讀詩書，故其回天後，受過十餘星霜教練，至民國五十
　　　　三年四月三日初次在總堂降鸞：（……）余林九嬰今晚到堂與諸甥晤
　　　　談幾句，因我在世，不入孔門之故，而致辭世以來，十二星霜之久，
　　　　杳無聲色，心常未安。

　　　　詩曰：其二：在生失學不成儒，受禁勤修墨漸濡，
　　　　　　　　　　十二星霜如一日，陽山快樂是仙都。

　　　　　　　其四：修功貪欲是邪魔，潔白清廉德自高，
　　　　　　　　　　公正無私母嘉獎，橫強枉汝磕頭多。

簡丁木於民國52年（1963）12月初8功圓果滿奉詔回天，於仙逝後七天降鸞台北慈惠堂（羅臥雲，1967：134）：

　　　　詩其五：大道理深用意研，虔誠自得妙真銓，
　　　　　　　　　老娘念子慈心切，姊妹同修返搖天。

　　從書中降鸞詩文，可以看見慈惠堂初期相當重視扶鸞，也以鸞文為信仰、堂務推動的準則。焦大衛（David K. Jordan）1976年於台南的慈惠堂分堂做田

---

〔註29〕瑤池雜誌刊登每週二扶鸞之鸞文。

調時，發現該廟在處事決策上，都需要扶鸞請問神明，因此眞正有影響力的職位就是正鸞生，但也發現扶鸞必須防止他的乩筆落到一個自私自利或才力不足的鸞生手裡，意思是防止負責扶筆的正鸞生成爲上述的人（Overmyer & Jordan，2005〔1965〕：151）。

這的確是扶鸞由興而衰的重要原因，隨著時代的進步、教育的普及，扶鸞教化的功能被取代，而且鸞文傳達的內容，大部分是屬於闡述道理或內修自己的方法，感應的氛圍比起直接提供解決策略的開口乩示，顯得相對薄弱，焦大衛（2005〔1965〕）也提出慈惠堂部分信徒，仍是以煆身的密契體驗爲信仰核心，不參與扶鸞活動。另正鸞生扮演神諭的角色，瓜分堂主的權力也是堂務權責上的隱憂（朱慧雅，2004），扶鸞是否延續？正鸞生的角色扮演關係重大。筆者認爲：扶鸞和煆身屬於信仰活動的一種，信仰活動牽涉到人的參與、向心力及產生的效果，是容易產生變異的項目，當心裡起了變化，自然信仰活動也隨之變異，目前漸漸以宣經講道的方式開啓另一個瑤池金母信仰法門。

### （三）誦經

將契子女組織起來成立誦經團，這一類的慈惠堂相當多，〔註30〕誦經團的成員主要是婦女，《瑤池金母普度收圓定慧解脫眞經》爲每逢法會、初一十五或仙聖壽誕儀典必誦的經典，將教義以口誦傳唱形式呈現，是信仰中獨特的現象（Overmyer & Jordan，2005〔1965〕）。

大部分的慈惠堂信徒認爲誦經的儀式或內容，具有消災解厄的功用，那種超越此界的誦唸聲波，在誦唸之中重新發揮了無窮的經德之力，特別是集體誦唸所形成的澎湃與持續的頻率，不僅神人得以交感互振，那些得聞此音者亦當下了悟，所以誦經的神聖場所都能成爲一種高度凝聚靈力的磁場（李豐楙，1997：321），因此目前各地慈惠堂都相當重視誦經的信仰活動。當初簡丁木等人北上取經即指示（羅臥雲，1967：86～87）：

> 三人同到北方求取瑤池金母度世眞經回堂，以資早晚恭誦，並加參研經文意義，能得了徹金母下降要旨，作爲修道先鋒。

《瑤池金母普度收圓定慧解脫眞經》，不止成爲類似佛教的早晚課課誦本，還需參研了悟道理，但目前幾乎只成爲課誦經文，並未進入眞實道理的體悟。

---

〔註30〕新莊慈惠堂目前以聖典誦經爲主要活動，黃堂主早期就是誦經的老師；蘆洲慈惠堂組成百餘人誦經團，支援北、中地區聖壽祝典誦經，誦經已是各地慈惠堂皆有的主要活動。

　　老一輩的堂主有的還奉為圭臬，早晚課頌，如台北慈惠堂、〔註31〕法華山慈惠堂，目前法華山慈惠堂做早晚課，但加誦不同經典，每天早課誦「母經」即《瑤池金母普度收圓定慧解脫真經》、《三官經》，晚課則每天誦念不一樣的經，如初二誦《大洞經》、初六誦《太陽經》、十三誦《文昌帝君經》，制解時誦《瑤池金母普度收圓定慧解脫真經》、《玉皇經》。

　　於新營慈惠堂田調時（民國 97.7.31）也發現，早期他們依三、六、九誦不一樣的經。松山慈惠堂，還維持早晚誦唸的規儀。誦經的內容與儀式發展別具一格，下一節將續論。

### （四）青衣

圖 3-5　早期中襟青衣

圖 3-6　穿了 30 年的青衣

蔡秀鳳攝影

圖 3-7　斜襟青衣

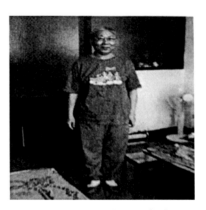

圖 3-8　Ｔ恤型青衣

〔註31〕田調當日（民國 97.7.26）即碰上竺貞師姐在做晚課誦母經。

　　青衣是契子女依皈母娘與共同的識別，為何以青色為代表顏色，田調訪談時，諸多堂主並無法說出其所然，只說當初母娘降下就是指示青衣，束袖高領緊身，因應時代文明、方便，目前已發展出多元樣式，有的開中襟五扣、七扣、有的斜開五扣，據新莊慈惠堂黃堂主及中區瑤池道脈聖教會考據，應該開中襟，以奇數為扣子數。也有印上堂名，自製的 T 恤，也開發出夾克、外套，只維持「青」的顏色，樣式上並無統一或規定，採深淺不一的青色。法華山溫堂主說自己的通感是：

　　　　海天一色，青跳跳、活靈靈（chheN-tiau3-tiau3、oah8-leng5-leng5）
　　　　的契子女，在母娘眼裡都是一視同仁。

　　筆者的認為是《山海經》〈大荒西經〉曾提及金母的使者：「百獸相群是處，有三青鳥，赤首黑目，一名大鵹，一名少鵹，一名青鳥。」，《漢武帝內傳》則云青鳥使者演化為仙女王子登，《仙傳拾遺》亦記載漢朝初年有一群孩童嬉戲於路旁，並且歌唱著：「穿著青色裙子，進入天門，恭拜金母娘娘和木公。」張良知道他們並非凡俗之人，於是趨前叩拜，再告訴眾人這些是仙童。青鳥使者，隨侍金母身邊，隨時接受金母的調教，再以五行、五色的漢人文化象徵而言，青色代表東方、象徵四季中的春，春天正是大地一切生命開始生生不息，所以用青色、賜青衣，著青衣，代表是瑤池金母的使者、子女，在世間展現源源不絕的生機，並且下凡協助母娘完成收圓度化的使命。

　　賜穿青衣為依皈（姜憲燈，1979：19），不僅是身份的識別標誌，也形成同宗共源的凝聚力，無形中成為瑤池金母信仰傳播的一大助力。青衣上身不容犯規逾矩，就是母娘的契子女，猶如學生穿上制服，有其制化的心理作用。以共同的堂號、服飾來傳揚信仰，建立世俗化的共通性，符合現今傳播學的法則，識別、凝聚、制化，或許這正是母娘的高瞻遠矚與慧心別俱。紐約花蓮慈惠堂的建堂緣起，關鍵人物就是夢境中的青衣婦人，[註32]這正顯示出青衣約化的意涵，慈惠堂法門堂規第二則曰（姜憲燈，1979：42）：

　　　　凡入堂服務或受訓者，宜必穿青衣，冠履整肅，禮貌端莊，洗掃聖
　　　　前，依職務各勤其事，焚香頂禮端正鞠躬，出入必由禮門義路，謙
　　　　讓溫恭，上行下效，然後歸休，以盡真誠焉。

　　青衣象徵信仰的奉獻和承諾，一個人穿上了這件衣服，必須儀軌嚴明，母娘的規範清晰，代表往生的時候，會在天界受到熱烈的歡迎（Daniel L.

──────────────

〔註32〕可參閱紐約花蓮慈惠堂網站建堂沿革資料，青衣婦人就是瑤池金母的化身。

Overmyer & David K. Jordan，2005〔1965〕：xxiv）。母娘的契子女是如此認為的，的確，在筆者的經驗中，只要見到穿青衣的師兄姐，猶如看到自己的兄弟姊妹一般，是親切的印記。

### （五）堂慶進香

聖地慈惠總堂堂慶為每年農曆二月十八日，〔註33〕一般慈惠堂契子女、堂生、信徒叫「返鄉謁母」，對於契子女而言是帶著朝聖的心情返回發源聖地朝謁母娘，對各堂瑤池金母而言，是分駐各地於今「回娘家」回返原鄉，「會母會靈」會見靈性的母親，也是大團圓的主旨。

> 每年農曆二月 18 日是開堂紀念日，此日前三天即 2/16 起開始慶禮
> 大典，來自各地慈惠堂神尊與契子女信徒等車水馬龍，接踵而到皆
> 來慈惠總堂進香（……）此是一年一次謁祖好機會，不論男女老幼，
> 皆抱著興奮虔誠之心情，不辭千里萬水遠途辛苦，回來謁母（……）
> 眉開眼笑、滿面春風、見面相親（……）聚會千人，有契子女契孫，
> 有隱士、居士、比丘、比丘尼，可謂三教九流、人山人海、水洩不
> 通，各界人士虔誠頂禮朝拜令人驚異，典禮之隆重、盛況空前，本
> 省各地皆無法看到之光景。（姜憲燈，1979：40）

人神心情合一，在這天天達到至高無上的崇仰與神聖，而聖地的靈氣也常令第一次前來朝聖的信徒或契子女產生諸多的密契經驗，尤其民國 70、80 年代正是慈惠堂拓展迅速時期，據中壢慈惠堂陳董事長說：當時進香人潮、車輛擁擠（除了進香，還在花蓮市繞境）常造成花蓮市交通阻塞，必須出動警察出面維持秩序，因此總堂後來以分北、中、南區方式，由農曆 2 月 18 日前分三週次（各區輪流 2 月 18 日當週次進香）返回花蓮進香。

鄭清萍（1994：97），也記錄了當時堂慶狀況：

> 堂慶規模在民國 70 年代情形大致是「每年堂慶前 2 天全省各地分堂
> 契子女善男信女聯袂恭送「金母」分身來歸，隨行並有其他神佛護
> 駕（……）分堂諸分身例由總堂天公爐穿越入門，與各護駕神佛並
> 列廳堂（……）一日三餐席開上百桌，分批進餐、都是素食，（……）
> 午夜時分祭拜開始，由於人數眾多，廳堂之內只能容下總堂主及各

---

〔註33〕慈惠堂第一尊神像開光點眼的日子，《瑤命皈盤》記於民國 40 年 2 月 18 日子時，民國 46 年正月 15 日時由陳金茂提出舉行紀念慶典，大家討論共識，就以 2 月 18 日為堂慶紀念日。

分堂堂主，其餘信徒只能靜立廣場，18日一早眾信徒即布置花車遊行花蓮市區，舞龍、跑旱船、乩童、女乩童、挑花籃，熱鬧異常，這一切是為了昭告大眾「金母娘娘」回娘家了！下午有「過火」儀式，每尊回娘家的分身，都必須參加，否則不算回娘家。（……）過火儀式完畢，整個祭典即告結束。

堂慶的進香活動由早期以母娘為主，伴隨護駕神尊興奮虔敬回返聖地朝拜，慢慢演變為各顯神通，各堂除了請回母娘神尊外，也衍生出乩手的個人表現，有者以母娘的裝扮出現，身披霞帔手執龍頭拐，溫藹有儀緩緩入堂，有者在當前過火儀式中演練出不同的靈駕，如濟公、太子爺，亦有王爺駕操五寶，（鯊魚劍、刺球）、也有鑼鼓陣者喧天熱鬧，中和慈惠堂有三年進香是操練五營，操「五營」屬於道教儀式，「五營」代表無形的兵馬守衛廟堂或幫忙鎮壓邪魔，一般廟堂幾乎都有安五營，以利法事，因操演的堂生流失，故後來取消，這幾年則是請穿戴太子爺裝扮的童子陣來增加熱鬧，不論何種進香形式，總堂一律接受，不予限制。

### （六）母娘聖誕、蟠桃會／龍華會

農曆6月3日為蟠桃聖會或稱龍華聖會，〔註34〕各堂當天大都以誦經禮懺為主，虔誠肅穆敬奉各項貢禮，採各堂自由辦理的方式。農曆7月18日是瑤池金母聖誕，平日士農工商各自忙碌的契子女都懷著欣喜的心情到堂參與慶祝，各堂也會舉辦莊嚴隆重的祝壽慶典儀式，主要還是誦經禮懺、呈表輪誠，並大加慶祝，猶如自己的母親生日一般，盡情地歡慶祝壽，未滿18歲的小契子孫換kng3-kuann7，金母聖誕當夜，一般慈惠堂採宴席方式辦桌宴請契子女、堂生、信徒，自由樂捐，無規定收費，有的堂則以歡慶的心裡藉機慰賞上述人員，因為他們都是自願來堂且義務效勞。

## 二、從原始型態轉型

### （一）從煆身到靈乩

煆身從個人化自我療癒的功用，延伸為接受各堂自訂的訓練期，〔註35〕

---

〔註34〕 一般慈惠堂都以農曆6月3日為蟠桃會，從竹山慈惠堂年度行事曆發現他們的蟠桃會是農曆8月15日。

〔註35〕 成為乩手，有的訓練49天，有的更長，有的要經過堂主或神職人員認定，蘆洲慈惠堂則要經過住持認證許可方能辦事。

成為可以幫人化災解難的靈乩（乩手），〔註36〕他與一般乩童不一樣，不操法器，直接以開口的方式傳達通感的神意，當初的煆身活動演變至今，各自發展成為現代社會的靈療網絡（余安邦，2000）、消災解厄、保身安家（蔡志華，2002）、通靈（朱慧雅，2004）、成為民間一般所說的「問事、辦事」乩手，包含陰界陽界一切疑難雜事都可處理，花蓮慈惠石壁部堂早期以「牽亡」著名全台，屬於辦陰事，因收入豐碩，故後來成立財團法人組織，以更合法的方式管理廟產。慈惠堂的乩手從入宅安神位、人事困頓到處理陰靈都可通靈處理。

　　當初成立的原本都是家堂、或民宅型式，歷經遷址擴大蓋廟，如松山慈惠堂民國 58 年（1969）時是家宅型態，民國 59 年（1970）租用民宅扶鸞辦事，民國 70 年（1981）啟建目前堂址，行德慈惠堂目前堂址為【市民大道五段 135 號】於民國 73 年（1984）完竣，後港慈惠堂正盛期（民國 70 幾年時）有 5、6 個乩手，民國 79 年（1990）翻修入廟，查閱《全國佛剎道觀總覽》——瑤池金母專輯，到 1986 年時，有 1/2 的慈惠堂成立於此期間，另外有的是於此期間遷址蓋廟。

　　民國 75～86 年間（1986～1997），慈惠堂分堂成立數目從 400 多間快速增長到 804 間。（見發展附錄表）所實踐的是救世的理想與熱誠（許文筆，1999），民國 70～80 多年間（1981～1999），台灣處於經濟起飛期，加上乩手通靈問事靈驗，也讓慈惠堂拓展迅速，開立新堂或翻蓋成大廟，但誠如上節所述，活動是信仰的外在表徵，牽涉的是人為變化，會因人而異化，因乩而興也因乩而敗，筆者田調發現當初因乩手辦事靈驗而興盛的慈惠堂，幾乎都面臨斷乩而衰的現象，有的當初意志勃揚規劃興蓋大廟，如今卻是只完成一半，甚至半荒廢狀態，乩手不靈、離開、自行開堂，都是原因，也有的說信徒減少、流失，資金來源不足。

　　田調訪談發現，目前維持靈乩辦事具有聲名的有松山慈惠堂、行德慈惠堂，兩堂都是由堂主擔任乩手，兩人皆強調自我修行的功夫，而在城市外圍的村落地區，堂主擔任乩手辦事，仍是該社區的信仰中心，且有相當程度的威信。目前鶯歌萬福慈惠堂、梧棲俴美慈惠堂、中和民安慈惠堂，

---

〔註36〕中華民國靈乩協會將「乩」分成「乩童」、「靈乩」、「聖乩」三階段，（呂一中，2001）乩童類似一般借體附身、靈乩是神人通感、聖乩則是進一步自己有所修為，神人合一更密契、融合。

彰化和美無極龍華慈惠堂、大里東興慈惠堂仍維持乩手問事。城鄉差距、人為因素，不一而足，也顯現出慈惠堂的發展，維持一貫的自由發揮，各顯神通模式，乩手的素質不一、缺乏訓練課程、領導人才（堂主）都是慈惠堂興衰的原因。

從煆身的原型轉型為靈乩辦事，除了憑藉濟世救世的情懷、發揚母娘的化劫度世理想，也在無形中型塑出信仰的文化意涵——生存、自我實現（李亦園，1978）、整合社群（林美容，1993），轉化之餘，若能提昇進入修行的真實意涵，或許是凝聚信仰的新動力。

### （二）扶鸞

慈惠堂發展扶鸞，吸收鸞堂的宗教儀式，有的契子也稱鸞生，重點擺在扶鸞的著書勸世（鄭志明，1998），扶鸞著書是慈惠堂瑤池金母信仰的特色活動之一，目前已出版過三類的鸞書：一、經懺類鸞書，《瑤池金母普救坤道血盆真經》是慈惠堂扶鸞的第一本經典，正鸞生是法華山第一代堂主羅臥雲，成書於民國 50 年（1961）（陳立斌，2004：66），《瑤命皈盤》亦寫到：民國 52 年（1963）蒙金母賜著一部《瑤池金母普救坤道血盆真經》，此經典旨在普渡坤道遠離血災之苦，目前法華山慈惠堂每年於國曆 5 月時舉辦一次法會，其他詳細鸞書內容可參閱陳立斌（2004）之《台灣慈惠堂的鸞書研究》。

二、分堂類鸞書；三、雜誌類鸞書，慈惠堂鸞書闡述儒、釋、道的修道理論，強調個人精神的自我鍛鍊與超越，有教理的宣導與修行的傳授，（鄭志明，2001）鸞書可說是瑤池金母信仰精神教化的普及推廣，與個人修行的耳提面命，有的也以鸞筆來濟世指引迷津，〔註37〕藉由扶鸞所降示的靈界訊息，既是他與仙聖所代表傳達的天界警訊，也是集體心靈中所曲折表達出來的時代焦慮（李豐楙，1997）。

慈惠堂早期扶鸞活動確實盛行，近年傾向以講道為主（王志宇，1997），據筆者田調，中部地區目前推廣「弘道師資培訓班」，三年一期，內容以宣講慈惠堂扶鸞所著之經懺類鸞書為主，〔註38〕作為弘揚金母信仰的種子宣講

---

〔註37〕台北慈惠堂早期即是以鸞筆來問事，幫人消災解厄。《全國佛刹道觀總覽》——瑤池金母專輯，1986，頁 269，慈德慈惠堂扶鸞著書解三世因果源由。
〔註38〕講解經典為《瑤池金母普度收圓定慧解脫真經》、《瑤池金母養正真經》、《瑤池金母洪慈普度救幼經》。

師，另早期扶鸞盛行的南台慈惠堂維持週二、五扶鸞活動（若有重要堂務或仙聖聖誕則取消），作爲鸞生共修參研，中和慈惠堂目前每週二仍有扶鸞活動，並出版「瑤池雜誌」雙月刊，免費贈送各機關、信徒閱覽。

　　扶鸞無法續行，正鸞生確實是主要的關鍵原因之一，老成凋零，無有接續人選或因俗務無法堅持、〔註39〕或因意見相左，出離開立新堂，〔註40〕這都是筆者收集到的原因，王志宇（1997）認爲慈惠堂是以神爲信仰中心的教派，組織之維繫完全在於信眾對神明的向心力而定，欠缺嚴密組織爲後盾，〔註41〕因此扶鸞之發展，漸趨式微而沒落。

　　從慈惠堂扶鸞的興盛到衰微，看到了母娘信仰在傳播上的多元融合，見證了台灣信仰活動的風潮，也反映出文化傳遞的角色扮演。融合儒、釋、道精神，宣達神示的扶鸞活動，逐漸轉型爲具有實修功力的講師宣經講道，如此的轉化也顯露出再造瑤池金母信仰的契機。

## （三）誦經

　　慈惠堂的誦經模式在科儀方面吸納了佛、道的祭典儀式，缺乏自己本身統一的科儀體系，誦念之經典內容，佛道兼具，目前很多慈惠堂初一十五辦理消災解厄或補運儀式，除了《瑤池金母普度收圓定慧解脫眞經》還會誦念道教的《北斗經》，中和慈惠堂禮斗法會誦念《金剛般若波羅蜜寶懺》、《太上五斗眞經》、《瑤池金母普度收圓定慧解脫眞經》、《玉皇眞經》、《慈悲藥師寶懺》，誦念經典佛道皆有。完全依各堂自由發揮，自成一格的方式，爲台灣的誦經團注入新的氣象（鄭志明，2001）。

　　每逢初一、十五或舉辦各項法會時，透過誦唱經懺，反映集體祈求的心聲，最常見的是祈安禮斗法會，在集體參拜下祈求消災解厄與賜福降祥，《瑤池金母普度收圓定慧解脫眞經》是必誦的經文，以誦經科儀建構出神聖交感的情境，在經典課誦與鼓樂喧唱下，強化對母娘的崇拜心理。誦經宛如一種解救儀式，成爲一種宗教活動的原動力，一種希企以宗教力量安定天人秩序的大願力（李豐楙，1997），慈惠堂誦經儀典確實達到集體祈祥，安頓現實的功能。

---

〔註39〕松山慈惠堂即是此種狀況。正鸞生因爲上班，無法繼續扶鸞，田調訪談得知。
〔註40〕慈德慈惠堂陳堂主即是從原來服務的堂自己出來開新堂。
〔註41〕鸞堂是組織型的宗教團體，慈惠堂在組織運作上本就薄弱，因此無法繼續蓬勃發展。

## （四）進香

目前各分堂進香活動從農曆正月初三即開始，由各堂自選日期返回聖地，各堂爲配合信徒或契子女上班大都選用週六、日，農曆 2 月 18 日叫「正日」，無法在這一日回返朝拜也可以，直到三月初都還有各地慈惠堂舉辦進香活動。

據民國 97.6.29 筆者採訪聖地慈惠堂副總務劉先生說，今年進香期住宿登記約 30 萬人（還有住宿同在花蓮的法華山慈惠堂、勝安宮或無住宿者，約有 50 萬人），飲食葷素皆有，各堂維持過火儀式，夜晚八點由總堂堂主主持團拜，由各進香之堂堂主代表參加，前幾年筆者參加進香活動，夜晚時，陸續有人相繼在堂前煆身、唱詩或乩手幫人制解，一時靈修、靈語紛紛興起，直至深夜仍是方興未艾，這幾年晚上過了 11 點即關廟門，不鼓勵各堂在廟前空地煆身或其他靈修活動，儼然成爲觀光勝地的經營手法，但有所感通的契子女仍與母娘自相感應，在進行過火儀式入堂時起乩或靈動、維持神人相通的模式，完全無視於聖地慈惠堂商業性經營手法的變異。〔註 42〕

一般信徒則是參觀遊覽，買麻糬名產，參與信仰活動文化之旅。總堂偏殿三樓目前仍提供各地慈惠堂扶鸞，〔註 43〕若有需要扶鸞可在此處進行，目前也有的慈惠堂不舉辦進香活動，或以特殊方式來進香。松山慈惠堂自前年起無進香活動，台北市的行德慈惠堂，以行腳全台，走路方式到聖地慈惠堂進香，每二年舉辦一次。

隨著時代的演進，進香的意涵已因堂而異，各自解讀，儀式依然維持，但已吸納揉雜而有變異，從進香的模式演變，也可令人看出民間信仰的風行趨勢。

---

〔註42〕貼出各項規定，不鼓勵煆身、提醒遵守住宿規矩等，商業經營的手法顯而易見。
〔註43〕慈惠堂系列中，持續辦理扶鸞活動的已相當少。

圖 3-9　聖地進香，由師姐裝扮之太子爺靈駕

民國 97.3.8 蔡秀鳳攝影

圖 3-10　總堂進香，由師兄裝扮另一種太子爺相貌

民國 97.3.8 蔡秀鳳攝影

圖 3-11　母娘裝扮煆身入堂

民國 97.3.8 蔡秀鳳攝影

表 3-3　堂慶（農曆 2/18）進香活動今昔之別

| 年代<br>項目 | 民國 60 年～ | 民國 80～90 年 |
|---|---|---|
| 日期 | 農曆 2 月份起，分週分區以紓解人潮。 | 農曆 1/3～3 月初，各堂自選日期、自由登記（無住宿），自行依住宿方便調整日期。 |
| 儀式 | 母娘、隨行神佛，穿越堂前天公爐行過火儀式，堂生擔花籃、扛輦轎於廟前煆身演練。 | 除了過火儀式，各堂這幾年出現大量以濟公、太子爺裝扮的乩生於進香時操演入堂。 |
| 繞境 | 繞境花蓮市 | 已停辦取消 |
| 飲食 | 素食 | 提供葷素，各堂自選，但仍以素食居多 |
| 服飾 | 一律青衣 | 各堂自由運用，但主要人員必須穿著青衣，例如堂主、堂生。 |

蔡秀鳳　製表

# 第三節　多元發展的信仰活動

## 一、融合儒、釋、道的活動

　　慈惠堂瑤池金母信仰在發展過程中，大都依各個契子女與母娘的密契經驗或特殊因緣而拓展，神人的溝通方式多元不一，各地慈惠堂以自由發揮方式，轉化原生的信仰活動，總堂在無爲而治的精神下，並無制訂統一的法事、信仰科儀或修行模式，因此各慈惠堂以瑤池金母的信仰爲核心，吸納融合民間的道術或佛教的儀典，作爲自己發展的動力，從田調資料中發現：不論都會或村落每個慈惠堂都有安太歲、點光明燈、收驚、制解（大型於年初，經常性於初一、十五）、禮斗、（或稱拜斗，有的一年一次，有的春、秋兩季辦理二次）超拔普渡的信仰活動。

　　收驚在目前民間社會仍具有醫療文化上的價值與意義（李豐楙，2003：280～328），慈惠堂的收驚儀式，一種是道教中的米卦、一種是以線香淨化衣物或加上令旗、刈金解化本人。「拜斗」出自道教南斗主生北斗主死的星神信仰，旨在祈求北斗七星君爲吾人消災解厄延年益壽。

　　由於拜斗可以達到延生、治病、扶衰、散禍、懺悔等作用所以世人常設斗供，以祈求一家平安及生意興隆，拜斗也一直深入民間成爲一種民俗，拜斗科儀很早就存在，《三國志・吳書・呂蒙傳》已有呂蒙病重，孫權命道士於星辰下爲其請命之記載，今所見較早科儀爲葛玄所傳之《北帝七元紫庭延生秘訣》、《葛仙公禮北斗法》。（蕭登福，2002）由南北斗信仰連帶而來的還有安太歲、光明燈，中國自商周以來即以干支記年，天干地支組成六十甲子，主司六十甲子之神祇，即爲六十元辰神，六十甲子神按歲輪值，每一年由一人司掌人間禍福，六十甲子太歲神也是本命元辰神，所以安太歲祈祭星神，以求消災解厄、延年益壽。

　　慈惠堂大都安一個總體的太歲斗燈，有的將安太歲的名冊初一十五時再念一次，加強消災保平安，有的農曆正月唸一次，即將名冊安奉神桌，至農曆 12 月 24 日送神時一起焚化。「光明燈」就是讓本命元辰光采明通、前途順暢的個人小燈其中安太歲、點光明燈、收驚、制解、禮斗，都是源自道教的信仰活動。

　　另外位於花蓮的法華山慈惠堂，每年國曆 5 月中旬辦理「血盆法會」加上繳納「受生錢」的特殊法會。「血盆」的觀念來自「血湖地獄觀」認爲女體

是不潔的、是業報的，因生產、月事的穢血匯流於血湖，必須透過拔度齋儀，才有轉成男身的機會，才能離苦得樂修成正果。因此法華山慈惠堂扶鸞著作的《瑤池金母普救坤道血盆真經》，亦是傳統道教吸收佛教科儀通俗化的再詮釋（陳立斌，2004：69）。

地獄觀早在《道藏·洞玄部》之〈太一救苦天尊說拔度血湖寶懺〉已有記載，該寶懺以血湖地獄之苦告誡世人勿殺嬰、墮胎、溺女，甚至男人也可能在血湖地獄受罪，但《血盆真經》提出血湖地獄無男子的觀念，一般民間也如此認為，王天麟於桃園縣楊梅鎮顯瑞壇進行「打血盆」的拔渡齋儀調查，（王天麟，1997：52～55）發現民間已經受到佛教目連救母經文的影響，血湖地獄觀是佛道融合下的產物。

繳納「受生錢」的觀念，是來自道教的《靈保天尊說祿庫受生經》，此經說靈魂將來到人世投胎時，需先向天曹地府府庫預備受生錢，依生肖不同，所借錢數不同，出生後需將欠錢償還，才不會有災病夭折等情形出現，由於是受生時所借用的庫錢，所以稱為「受生」錢。（蕭登福，2002：13）而繳回受生錢的觀念，延伸而有現金燒化紙錢的習俗。

道教受生經有兩種，除文中所述，另一為《太上老君說五斗金章受生經》，田調訪談法華山慈惠堂溫堂主時（民國 97.7.1），她所陳述繳受生錢的觀念與文中相同，血盆法會限女眾參加，繳受生錢則男女皆可報名，早年參加血盆法會的信眾很多，（法會夜晚時，會讓參加的婦女用焗身的方法下血池，很多人會有感應。）近年有減少的趨勢，但此項法會在慈惠堂信仰系列仍是著名的。

慈惠堂瑤池金母信仰吸納雜揉、兼容並蓄，發展至今只保留了原始的瑤池金母中心信仰，另配祀道教的神祇，或儒家的聖賢、佛教的佛菩薩來加強自己的信仰陣容，法事科儀則是佛、道兩教神聖仙佛、經文儀式兼具，以道教法師、佛道經典唱誦來施行。「制解」時會請瑤池金母、臨水夫人、地藏王菩薩、玄天上帝、土地公之神尊坐鎮，禮斗法會誦念《太上北斗真經》、《玉皇真經》、《金剛般若波羅蜜寶懺》；超拔普渡法會為地藏王菩薩，瑤池金母、觀世音菩薩坐鎮，誦念之經典有《地藏經》、《瑤池金母普度收圓定慧解脫真經》，超度法會既由佛教「于蘭盆會」延伸演化而來，為救贖亡靈、解脫其罪業，地藏王菩薩為地獄之救世主，因此超度法會均請地藏王菩薩作主主持，但延聘一般民間類道教的法師坐鎮主持儀式，帶領經典誦唱。鸞書內容或平

時義理的宣揚則是儒家的綱常倫理、行善忠孝的教化，目前慈惠堂呈現的是融合儒、釋、道的形態與信仰活動。

表3-4　各項信仰活動比例：（依田調資料整理）

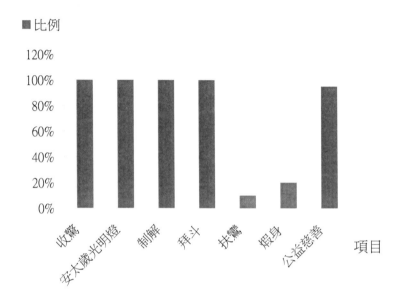

蔡秀鳳　製表

　　從信仰活動的比例看來，收驚、制解、安太歲、點光明燈、禮斗，各堂皆有辦理，這是母娘信仰基本的社會服務，也是共通性的信仰活動，差異性不大。旨在安撫信徒之身心與解決生活之疾厄，因為是立即性生活感應，並且發揮安身立命的效果，更是支持堂務運作的財源，所以是一直存在的項目。

　　煆身、扶鸞是特殊性的密契經驗，因人而異，也是慈惠堂成為靈驗新興宗教的神秘力量來源，變異性較高，無法成為統一、制約的方式，故而日漸式微，若能再深入探討，結合教義內涵的認知與實踐，將是母娘信仰的永續特色。

　　公益慈善活動，牽涉到資金與財源，一般小型的慈惠堂並無法辦理，如佽美慈惠堂則尚未辦理，堂主表示慢慢會籌劃。都會區或大型慈惠堂，如松山慈惠堂、中壢慈惠堂、中和慈惠堂對公益慈善則屬常態性堂務項目，並且成立愛心基金會，隨時、隨機配合政府捐獻，或自辦愛心救濟，筆者亦曾向

中和慈惠堂申請貧困學生急難救助，松山慈惠堂亦曾捐助北市府消防車，中壢慈惠堂曾捐助桃園縣政府救護車。

## 二、社會公益、愛心行善

從田調資料發現，各慈惠堂正式成立所謂愛心基金會（功德會）的比率高達 90%以上，無正式成立的，也會不定期的愛心物資發放，筆者曾協助土城一間慈惠堂發放清寒獎助學金及其中元普渡的物資與弱勢、單親家庭，（民國 95.12 月；民國 96.7 月）力行公益、積極實行社會慈善救濟活動，一直是母娘信仰的文化動力。地區代表性的信仰中心，如松山慈惠堂、中壢慈惠堂、新莊慈惠堂、中和慈惠堂、蘆洲慈惠堂都是此類代表。

宋光宇（1995：27）認為民間善書一直傳播「善有善報、惡有惡報」或如何可借行善以贖罪，甚至行善可以成神成仙的觀念，教派的書籍也清楚的顯示出，行善就是「修道」的一種法門，終極的目的是在追求生命的永恆，去世後，教團就會利用扶乩的辦法證明此人得到什麼樣的果位。

慈惠堂以鸞書傳播信仰，鸞書中的勸善教化正發揮了這樣的功用，週濟弱苦、救急賑災、修橋鋪路、驅逐病疫，都是功德，筆者田調到松山慈惠堂時（民國 97.7.2），就發現其捐助台北市政府清寒學童午餐費的收據，並有捐助市府 119 救護車，民國 97.8.24 中和地區聯合了 10 多家慈惠堂施行愛心物資發放，並廣邀有心人士共襄盛舉，傳揚母娘大愛精神，實踐信仰的動力於生活中，促進社會進步，一直是慈惠信徒的信念，也是某些契子女努力傳揚母教的方式。

宗教團體較諸一般的公益、慈善團體，基於共同信仰的凝聚力，就成為宗教人的救濟之道，既救濟自己的心靈也救濟了他人，這是符合現代人內心需求與信仰的宗教形式。（李豐楙，2000b：72）但田調時有一位郭師兄也闡述了一個觀念：「做好事、善事」，關懷孤貧，濟助別人，向外作為，容易；「修行」，真實面對自己，從起心動念做起，難也。

目前尚有仁正慈惠堂組織「翰林書院」，培育慈惠堂的宏道人才，落實慈惠堂契子女的宗教教育。竹北慈惠堂則成立「竹北工作隊」，以山區兒童教學、成人電腦教學、籃球隊、讀書會等方式傳播慈惠堂信仰，吸引了許多大專青年加入慈惠堂信仰，並開設丹道經典研讀會來參道修道，他們是屬於第四代的慈惠堂契子女。（陳立斌，2004）

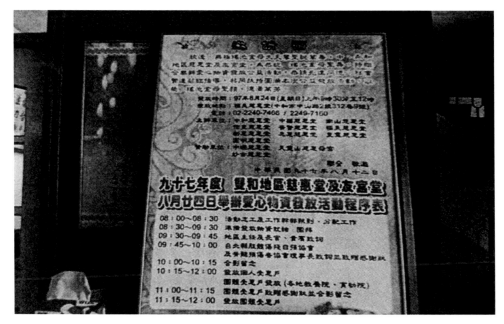

圖 3-12　雙和地區慈惠堂愛心聯合活動海報

蔡秀鳳攝影

## 三、精進自我修行

這一類慈惠堂遵從教義體系或修行導師，例如竹山慈惠堂自創慈惠丹眞派，強調道教丹鼎結丹內功，著有初眞受戒傳度、中極晉戒奏職、天仙完戒道職科儀，受戒皈依，循序漸進修行，中區瑤池道脈聖教會積極倡導修行法門，在龍華慈惠堂辦理靜坐共修班，香山慈惠堂（彰化市）辦理醫學氣功共修班、弘道師資培訓班。

北區的慈惠堂則以宣經講道實修《瑤池金母普度收圓定慧解脫眞經》的教義眞諦爲主，松山慈惠堂曾辦過《瑤池金母普度收圓定慧解脫眞經》研訓班、中和慈惠堂於民國 96 年（2007）4 月至 9 月辦理《心經》宣講班，民國 97 年（2008）9 月又將開辦《瑤池金母普度收圓定慧解脫眞經》宣講。

慈光慈惠堂妙光道長強調拜母修行要臻於全眞之境，並名爲全眞仙宗，以丹鼎九轉玄功、結內丹成仙成佛爲拜母終極目標。慈惠堂自歸入道教後，有些堂便傾向道家的靜坐煉丹、不老長生之功或全眞修練。中和慈惠堂《鸞生手冊》中列載「瑤池金母握固法」，爲煉丹之靜坐功法，據堂中黃師兄言：「此法是他自道藏中搜尋而出，提供大家共修，也做爲新進鸞生

的修行功夫。」慈惠堂瑤池金母信仰系列並無統一的靜坐丹功教本，各堂自選自用。

以上慈惠堂以不斷自我精進修道，進行生命起源的探索與開悟，來印證母娘信仰的意涵，「瑤池金母」即是修行的法要，「瑤池」象徵清淨無染的聖境、「金母」是世間一切化生的起源，要以清淨本心來映合證悟，九字真言——「無極瑤池金母大天尊」除了是聖號，也是修行的境界。

新的瑤池金母信仰型態正醞釀形成，慈光慈惠堂妙光道長說（民國97.7.6）：「母娘60年的降靈顯化普渡期已經完成，再來是開收圓盤、選人才，以個人修煉為主。」

中和慈惠堂楊道長的說法是（民國97.7.10）：「母娘外相千千萬，因各人的感應而化現，要認哪一尊母娘呢？只有自己的真常自性不染不著，清淨無礙，了知一切，所以母娘是要我們找回自己的本心本覺，才能回歸母源、清淨瑤鄉，修自己的心性才是重點。」慈惠堂瑤池金母信仰在下一個甲子將要開啟的是個人精實的修行，建構新世紀的信仰文化潮流。

# 第四節　慈惠堂的運作模式

## 一、綜合概述

從田調訪談各地慈惠堂中得知，有的慈惠堂在信仰活動方面深具特色，如法華山慈惠堂，每年國曆五月份辦理的血盆法會，或梧棲佽美慈惠堂以普施孤魂辦桌方式，辦理 600 餘桌次，每桌皆有信眾認捐，或蘆洲慈惠堂的誦經團，為百人的組織，而松山慈惠堂則是以教育、文化、公益結合宗教宣導著稱全台。

台中慈德慈惠堂則因應現代人多樣需求，辦理多元法會活動，如初一、十五招你來吃粽（解結頭），放生活動、文昌智慧燈、財神燈、求姻緣、大陸宗教文化交流，展現出活潑性的堂務經營。

竹山慈惠堂以大陸道教為行法及修行的依準，以道藏符籙為用，目前住持林國龍完全以水果為食，出版「慈惠丹真派——初真受戒傳度、中極晉戒奏職、天仙完戒道職科儀」，訪談時他說自己正以擲杯請示方式，逐字校對母娘經。

中和慈惠堂則堅持扶鸞 20 餘年，並持續出版雜誌，田調中得知曾辦理扶鸞活動的有松山、台北、中壢、慈德、新營、南台慈惠堂，有的因乩手離開，有的因乩手老邁，有的因經濟原因而終止扶鸞，僅剩南台慈惠堂、中和慈惠堂繼續扶鸞道務。

田調中亦發現：有的慈惠堂呈現人去樓空或半停頓現象，如陽明山慈惠堂為三層樓魁巍建築，卻因堂前空地蓋起大樓，擋住廟堂觀瞻後，日漸式微，如今已無人管理，掩門鎖堂，田調當日偶遇一位老婆婆，連絡附近一位委員，才能入堂參訪，平時皆無人駐堂。路經水上慈惠堂，法器、令旗具備，亦鎖門無人，呈現半衰頹狀況。

從訪談中得知：「法會」是堂務運作時重要的收入與財源，近年來因經濟不景氣，或乩手離去、失靈，造成信徒嚴重流失，財力不足，很難維持堂務的人事及水電開銷，如後港慈惠堂，早年因乩手問事靈驗而建造大廟，而現在因無乩手可以問事，所以信徒流失很多，當務很難運作，雖然歷史久遠，委員會力圖振興，還是難有表現。

台北慈惠堂已創堂 49 年，亦是建築壯觀，但平時僅有潘堂主及一位竺貞師姐常駐，辦理法會時才有較多人潮。已故第一代堂主林薔因對堂貢獻良多，死後封神成為穆竺尊者，雕刻神像供奉，還曾回堂降示鸞文，刻成木匾懸吊牆上。目前慈惠堂系列，已故堂主雕刻成神像接受敬拜者，從田調中得知，除了台北慈惠堂第一代堂主林薔，還有法華山第一代堂主羅瑞火。

屏東慈惠堂早期為慈惠協會南區辦事處，因功能不彰，亦停止辦理聯誼活動及文宣，不再做連絡處。而堂旁一塊空地，因鄰近小學，反倒成為學生接送區，提供社會服務，方便社區家長接送小孩。

各地慈惠堂堂務的運作與決策，有的是管理委員會負責，交付堂主執行，如高雄慈惠堂、中和慈惠堂，決策者是主任委員，交付堂主執行；有的是契子女大會管理人制，如新莊慈惠堂、法華山慈惠堂、蘆洲慈惠堂、台北慈惠堂；大抵是這兩種組織。一般小型慈惠堂則是家堂型態，由堂主直接管理、決策、執行，如鶯歌萬福慈惠堂、佽美慈惠堂，目前僅有石壁慈惠部堂與中壢慈惠堂成立財團法人組織，可以開立正式捐款收據用來抵稅。

光明燈、安太歲、禮斗、制解、初一、十五誦經禮懺，是堂主要的收入與財源，若無法凝聚信徒的信力，導致信徒流失，參加者減少，多半堂務無法繼續運作。田調發現位於都會區、交通方便的慈惠堂，仍能維持堂務正常

運作，而地處山區、鄉村或需開車才能到達的慈惠堂，則大部分呈現停頓狀態，一般小型慈惠堂更是堂門半掩，香火不繼，台北縣土城山區重慶慈惠堂，至今廟宇尚未完工，仍需大額捐款。原本位於台北市區的大鴻慈惠堂，前幾年因問事靈驗，收入頗豐，另覓於石碇山區蓋大廟，但田調時卻發現亦呈現半完工狀態，仍須大筆資金才能完成。

對母娘不變的信力是慈惠堂的共通性，但各堂依其信仰的忠誠度、堂主的領導風格與堂務的運作方式、地區文化、信徒的屬性及參與度呈現出不同的特性。以下僅就三個較具特色之個案慈惠堂進行堂務運作探究。

## 二、個案一：松山慈惠堂

### （一）建堂因緣

民國 57 年（1968）時，堂主郭葉子常覺身體不適，那年春天，和朋友一起去中部一家道廟進香，途經苗栗山區，大雨滂沱而下，郭堂主朦朧之中，彷彿一股無形力量令其大聲說出：「前面木橋將被大水沖斷」，司機一聽快速通過，當車子一過，木橋果真轟然一聲被水沖斷，於此感應到神蹟，回來後，每到黃昏即有神靈降身，慢慢幫人消災治病，靈驗異常，於此機緣皈依瑤池金母門下，民國 58 年（1969）在自家設堂，並由金母扶鸞賜名「松山慈惠堂」，民國 59 年（1970）正式於總堂迎請令旗，並因應增多之信徒，遷往北市興安街，民國 68 年（1979）金母再降示指示覓建大型濟世道場，郭堂主於夜間目睹新興道場之山勢與雛型，四處尋找建廟基地，巧因信徒熱心提示現今台北市福德街之福壽山麓，後經郭堂主實地勘查地形，發現正是金母出示之處，再經請筊確定後，進行多方籌措建廟基金，民國 70 年（1981）正式破土動工，郭堂主以身作則，親務操持，集合眾人財力、物力，終成今日之松山慈惠堂。〔註44〕

### （二）堂務特色：宗教與文化結合，重視教育傳教

1.推展社會公益，成立社區圖書館、捐助急難救助車、弱勢兒童午餐，寓母教於公益、文化、教育，成立各項社團——國樂團、合唱團、插花社。固定辦理社會文教講座，2008 辦理大型活動——祈天護國佑民大法會、保民繞境嘉年華、2008 慈惠文化季弘揚母愛音樂會暨全國「慈悲楷模」頒獎表揚大會。

〔註44〕由松山慈惠堂郭葉子傳記、松山慈惠堂沿革簡介及訪談資料整理。

2.民國 83 年（1994）向內政部申請登記，成立中華道統慈惠協會，爲一社會公益團體，並邀請其他友堂加入，發行慈惠道統雜誌月刊、會訊，宏揚母娘教義、教規，並推展各項文教活動。

3.成立愛心基金會：救助急難與賑困，屢獲政府表揚。

4.素食：慈惠堂系列並無強調素食，但郭堂主強調母娘慈悲精神，且認爲葷食容易沾染濁氣，所以要信徒或服務堂生、義工素食。

5.每年進香時先到法華山慈惠堂，約 8 輛遊覽車，並全員整隊步行到聖地慈惠堂禮拜，夜宿法華山，自民國 96 年（2007）取消進香活動。

郭堂主希望不管任何領域或階層都能認識母娘，所以透過文化或教育活動的方式讓社會大眾進入母娘的信仰，除了國內辦理大型活動，亦極力辦理海外宣教行程，2008 年到馬來西亞辦理兒童夏令營，輔導紐約花蓮慈惠堂〔註 45〕運作，每天早起巡堂打坐，晚上忙完堂務還是會打坐，一天幾乎只睡三四個小時，希望將修行落實到日常生活中。

目前郭堂主仍是問事乩手，逢三、六、九日下午提供信眾問事解難，問事前會先以令旗淨化信徒，並莊嚴訓示，深具威信力。

### （三）組織與運作

最高決策爲信徒大會，下設：顧問、委員會、堂主副堂主，委員會下設：圖書館、慈善組、膳宿組、營繕組、祭典組、公關組、財務組、總務組、文宣組，另有獨立平行單位中華慈惠道統協會，進堂時有服務處，設幹事、辦事員，（領有薪資）堂中有契子女、效勞生、義工協助堂務及服務信眾。實際上堂主會直接決定一些堂務運作，再向委員會報告。

### （四）財源

光明燈、太歲燈及各項法會收入。光明燈、太歲燈各約 4000～5000 人參加，〔註 46〕每一個燈位 600 元。從松山慈惠堂 97 年重要行事一覽表中查知，從年初啓點光明燈、安太歲到年終（農曆 12 月 24 日）謝恩法會，期間計辦理「文昌帝君聖誕暨文昌祈祿消災法會」、「春季祈安禮斗法會」、「梁皇法會」、「開天門、上天章消災法會」、「超渡法會、報恩法會」、「植福還庫受生大齋法會」、「秋季祈安禮斗法會」、「血盆法會」、「謝平安法會」，皆是信徒參與的收費性信仰活動。

〔註 45〕　由宜蘭鄉親到紐約所成立之慈惠堂，亦是由松山分出去的堂，郭堂主認爲堂主海外傳教很有心，所以在財力上予以資助並協助其堂務運作。

〔註 46〕　訪談時詢問辦事人員而得。

## 三、個案二：中壢慈惠堂

### （一）建堂因緣

陳清富是慈惠堂瑤池金母信仰的第一代契子女，原是經營線香的商人，行經花蓮，目睹母娘顯化事蹟，於是提議以香敬拜，〔註47〕自己也成為母娘的契子女，並開立全台第一個分堂，於民國41年（1952）從總堂迎請令旗回家恭奉，本意鎮宅祈求平安，但母娘聖靈顯化，有求必應，街坊鄰居紛紛募道前來朝拜，於是眾人提議雕塑金身，以便信徒膜拜，隨即成立中壢慈惠堂，公推陳清富為第一任堂主。民國53年（1964）陳堂主出國經商，眾人推舉范華榮主持堂務，民國54年（1965）蒙善信捐地、捐資共襄盛舉，興工動土籌建今日所見之殿宇，民國58年秋（1969）完工告竣，遷入安座，陳堂主於民國57年（1968）回國，重新回任堂主掌理堂務。民國53年（1964）范華榮發起成立財團法人，於是成立財團法人中壢慈惠堂，范華榮為第一任董事長。目前陳老堂主還兼任寶華山慈惠堂堂主。

### （二）堂務特色：地方信仰中心，信徒高度參與信仰活動

1.設有大鼓隊名稱為「中壢慈惠堂慈惠花式大鼓隊」，成員男女皆有，登記有42位，董事會為當然成員，屬於慶典表演之陣頭隊伍，每逢地方慶典或友堂盛會需要，皆予以支援表演。

2.誦經團，成立歷史久遠，目前有41位誦經生，分早晚班做早晚課，新莊慈惠堂黃堂主即是第一任老師，由於此種因緣，黃堂主才會開堂。逢有慶典、法會，誦經團即扮演重要腳色，亦會支援其他友堂。

3.廚房組為人數眾多之組織，目前有39位負責廚房煮食業務，初一、十五備有素食粥、麵，讓信徒吃平安，都是廚房組的功勞。

4.各項法會信徒參與度極高，每月例行之消災法會、聖誕法會；另蟠桃盛會、春秋季禮斗、參加者皆千人以上。

### （三）組織與運作：

於民國53年（1964）發起成立財團法人組織，設董事會，以董事會決策及運作堂務，范華榮先生為第一屆董事長，目前為第十三屆，董事長為陳燦宏先生，董事會設董事13人，常務監事3人，負責決策及運作堂務，董事由經過嚴格考核成為信徒後，接受推選，選舉產生，堂主僅為重要祭典時之主

---

〔註47〕經營線香之商人身分，為法華山溫堂主訪談時提即，目前兩人仍是好友。

祭者，一切堂務決策由董事會議決。

## （四）財源

目前存款 10 億元，不會隨意動用，據陳董事長說每年點光明燈約 5 萬人，一人收費 200 元，資金運用皆嚴格管控，且義工多，所以累積較多存款，財團法人組織須有會計制度，帳目必需清清楚楚，否則是違法，所以辦理堂務動用資金皆是小心謹慎。因財源不缺，所以法會收費相對便宜，每月農曆 11 日例行的消災法會一人才收 100 元。

# 四、個案三：南台慈惠堂

## （一）建堂因緣 〔註48〕

第一代堂主陳泉於民國 46 年（1957）因緣際會前往台南慈惠堂參拜，信奉虔誠，民國 47 年時（1958）偶一日夢見一仙佛曰：「明午有三人前來，洽談開堂弘教事宜。」次日果然應驗，感於母娘神威顯赫，一口承諾，先以私有花園磚屋，權充母堂，至民國 49 年（1960）正式普開瑤門聖教，傳度世人，堂名由仙佛扶鸞降下。訪談報導人為第一代陳泉堂主之女兒，稱呼她陳師姑，她說父親陳泉是花蓮瑤池金母降鸞時收的第一位弟弟，第二位弟弟是翁榮，第三位弟弟是傅來乞。陳泉堂主於民國 52 年（1963）當選省道教會第六屆監事，第二任堂主陳博垣，第三任堂主陳博良，目前為第四任堂主陳道仁。

## （二）堂務特色：扶鸞、誦經

1.早年扶鸞盛行，出版《聖學龍華》（1968）、《真宗寶鑒》（1970）兩本鸞書，並用扶鸞問事，有龍筆（男）、鳳筆（女），鳳筆已往生，龍筆尚存，但年邁不再扶鸞，目前由堂主當乩手維持扶鸞，每週二、五共修，鸞筆交代靜坐即靜坐，鸞文內容主要以教導修行為主，訪談時還看到鸞文揭示在黑板上，內容已於論述扶鸞時所述。

2.分出台南縣市 13 家慈惠堂，如有名的西台慈惠堂、麻豆慈惠堂、下營慈惠堂。

3.重視誦經，陳師姑說她因長期誦經還得了感應，消解了她的病痛。

4.禮斗法會一年一次，每年農曆 9 月 6 日至 9 月 9 日，三天不關廟門，恭迎聖真，不似他堂春秋兩季，一年辦兩次禮斗法會。

---

〔註48〕以《全國佛剎道觀總覽——瑤池金母專輯二》、田調訪談，二項資料整理而得。

5.主要信仰活動為安太歲、光明燈、問事、扶鸞、共修。

## （三）組織與運作

設立委員會為堂務之運作組織，堂主有管理權，但平時堂生、鸞生、委員士農工商忙碌，較少到堂，共修才會到，所以目前由陳師姑協助管理堂務，堂主與她可以見機行事，決定事項，直接施行。

## （四）財源

年初光明燈、安太歲及禮斗法會為主要收入，以儉樸蠲節開銷為主，問事有稍許收入，但人數不多，鸞生亦會捐獻，尚可維持開銷及運作。

# 小結

台灣慈惠堂瑤池金母信仰歷經一甲子的演變，從原生單一的強身煉體、借假修真「煆身」的修行外功，質化為靈乩開口乩示、為民眾排憂解難，傳揚母娘救度精神的濟世活動。煆身是基礎入門的修身功夫，由外而內，再予提昇、啟發為內修功夫，才能保有瑤池金母信仰的特色與內涵。

扶鸞著書則是進行勸世、度世的普化，各地慈惠堂吸納揉雜民間信仰，轉化為儒、釋、道三教融合的信仰活動，不管在什麼地區瑤池金母信仰的精神與文化依然存在，只是因為不同的因緣、群眾，而產生同中之異的外在信仰行為。

萬變不離其宗，宗旨教化，是為宗教，母娘化劫救世之宗不變，但教化的型態與堂務運作需因時、因地、因人而轉化，才不致被時代所淘汰，才能繼續傳揚瑤池金母信仰。

從田調訪談中觀察各地慈惠堂目前運作狀態，得知瑤池金母信仰興衰皆有，信徒嚴重流失，造成財源不足，堂務運作困難，呈現停頓局面，實為隱憂。雖然力圖振興，亦欲振乏力，但亦發現以文教傳道，或重視信仰真諦尋求轉型的慈惠堂卻展露生機，而歷史久遠、地方信仰中心的慈惠堂仍然繼續推動母娘信仰，不遺餘力。

有教無宗，無法長存，有宗無教，難以傳續，內涵與教義是宗教之真諦，是堅實信仰的動力，也是信仰之核心精神，慈惠堂契子女、信眾對瑤池金母信仰之教義與神學觀，呈現何種認知與實踐，我們將繼續探討。

# 第四章 神學淵源及信仰特色

　　慈惠堂瑤池金母信仰創教神話中蘊含何種神學思想？呈現出怎樣的教義？核心經典如何開啓、支持信眾與契子女內在的信仰動力，型塑信仰的文化，又呈現出何種信仰特色，本章將從神學淵源、經典意涵、對母娘信仰的認知與實踐及信仰特色，來探討瑤池金母信仰的教義與特色。

## 第一節　神學思想淵源與體系

### 一、劫與救劫

　　瑤命皈盤是記載慈惠堂瑤池金母信仰創教的一手資料，除了記錄慈惠堂的興起源由，也以金母應劫顯化爲核心思想呈現出創教神話，其神學思想建構在「劫」與「化劫」的末劫度脫救世論，基本教義則爲定慧解脫普渡收圓。

　　有關劫、末劫、末世的天啓思想早在初期道教教義中即是核心思想，[註1]以末世救劫的理念與行動帶給奉道者在亂世中的一種希望，因此劫運、劫數及末劫之類的觀念就成爲早期道經中新的時間觀，（李豐楙，1999a）瑤命皈盤亦呈現出劫與救劫的度脫時間觀。

　　「劫」，據《魏書・釋老志》〈道家部〉所說：「又稱劫數，及其終劫，稱天地俱壞」，指的是世間長時間的敗壞，初期道教的救世思想亦是建基於它所

---

〔註1〕　初期道教或曰原始道教，指道教形成的漢末直至魏晉，是開始出現雛形的宗教形態，有關道教劫運論、末世救劫、災異論可參閱（李豐楙，1999a）；（姜生，2002）。

創造的末世論、劫運論，提出人如何在末世中度劫得救的問題（李豐楙，1999），每逢亂世、朝代末、天災肆虐、道德崩壞時，末世天譴、變異、眞君降世或新興宗教拯救世民的希望便興起而形成。

魏晉南北朝是末劫觀的創發期，在當時經文中提出「末世」的觀念，也採用新起的劫數、劫運及劫期諸詞，「劫」意識的形成，乃在於人集體性犯罪的道德行爲，因而導致宇宙週期性的陰陽失調，（李豐楙，1997）強調出宇宙的失序乃是人性失序、人倫失序及社會失序的感應，深刻的指謫人在道德行爲上的善惡，不僅是個人也是集體，因此戰爭表現的人性之惡、洪水與瘟疫的天然之惡，是源於人性的墮落，因而人類需共同承擔懲罰（李豐楙，1996）。其後唐末五代、北宋末、金元及明末，亦據此而飾說，重點是實踐救劫與度劫的希望（李豐楙，1999a：137）。

「劫」乃是古印度用來計算時間單位的通稱，可以算作長時間，也可以算作短時間，長可長到無盡長，短也可以短到一刹那，不過通常所稱的「劫」是指我們這個婆婆世界的長時代而言，佛經中所說的劫分爲小劫、中劫、大劫，地球世界的一生一滅便是一個大劫。（聖嚴，1996）

劫與救劫的敘述亦見之《瑤命皈盤》第十八回──「古人純摯倫常別，末世兇殘道德亡」、第十九回「天曹聖會議救世，佛祖請母建慈航」、第二十回「老母慈悲決聖會，佛先聖命渡眾生」，以三回的篇幅記述劫、化劫、救劫的緣起與老母救劫的愛與光。（羅臥雲：1967：29～46）

> 末劫惡世，人心敗壞，爭奇鬥巧，損人利己，虧德胡爲，致惹天怒人怨，自招禍愆，以致大劫當前，危災滿世，頹勢如崩，無法挽回。（……）天上仙佛忙碌奔走，金篇降示，無奈人不自覺，不知悔改更加奸殘巧詐，於是玉帝決將塵世毀滅，免留後患，大慈大悲觀音大士不忍眾生淪滅，瑤闕跪求老母設法下凡普救眾生。（……）玉帝再三懇婉不送，只得親批老母聖駕下凡，督造三期統御收圓大任，由此西方不留一佛祖，天上不留一神仙，萬仙萬佛都來效勞供使，各盡所長，到處濟世度人，聽命收圓，開堂設教，弘揚先天大道，普救眾生於迷津，人人皈依無極瑤池門下，共求解脫，個個養成忠孝節義之風，同返瑤天。（……）一時虛空之上，旗幟飛舞，旌旆飄揚，五色祥雲，萬道金光，閃映遍射，燦爛輝煌，花香繽紛，香煙繚繞，浩浩蕩蕩直向凡間而來。

　　這次的災變劫難，直接由瑤池金母領旨，帶領群仙下凡化劫度人，除了代表此次渡化任務的艱辛，也彰顯人心更甚往昔的頑固巧詐。母娘是救難隊的領軍元帥，親御指揮收圓大任，萬教同宗，三界並渡，〔註2〕儒、道、釋、耶、回，名雖各異，義理相同。道法無爲，包涵萬眾，不分彼此，大而無外，小而無內，宇內一切皆無不由大道而成者，無彼此之分，故曰萬教同宗也（羅臥雲：1967：43）。

　　玉帝是司懲罰的嚴父，救贖的是不忍子女遭受天災地劫的慈母，陰陽相對的形象，展現出「天地陰陽人爲先」的陰陽化生說，明朝民間宗教中即有「老母」救渡地上子女的原型（李豐楙，1996），〔註3〕這樣的創教神話也出現在《瑤命皈盤》中，沿襲傳承六朝道教「劫」、「救劫」的度脫救世神學思想，亦與當時「眞君」、「種民」的拯救者與被拯救者的一組相對救度關係相似，其中亦融匯明清以來民間宗教中九六原靈、三期末劫、三設龍華的神學淵源，從道經中的金母元君、西王母到瑤池金母名號雖相異，救劫化度的神學觀卻一脈相成、吸納融合，大道普傳，深入民間，化劫度脫的神學思想綿延不斷。

## 二、玉露金盤──瑤命皈盤

　　歐大年認爲慈惠堂的教義、神學和信仰承續明清教派的傳統，當時教派流行以寶卷傳揚教義精神、神學思想，現在慈惠堂的金母娘娘在寶卷中被稱爲無生老母。（Overmyer & Jordan，2005〔1965〕：xxiv）〔註4〕到了19世紀，

---

〔註2〕三界指天界、人界、陰界。中古專心求道者，悠悠天外，未受封證者，應早獻身效勞，勤積妙果，待命受封，此爲普救天界；大道廣入民間，無論在家、出家皆可得道聞理，若能艱辛勤修母當加以渡回，此爲普救人界；近世之人作惡者眾行善者少，作惡行兇之人，死歸陰府，不知凡許，若能改過堅修，立志求救，上蒼慈悲一視同仁，普渡出苦，此爲普救陰界是也。《瑤命皈盤》頁43～44。

〔註3〕李豐楙認爲在宗教教義中，常是天父地母、陰陽、嚴厲、慈愛的相對模式，對於漢末處於亂世及厄運中的天師道中人，自然表現出此類別性別嗜好的傾向，也開啓後代明朝民間宗教中「老母」救渡地上子女的原型。

〔註4〕「自16世紀以來，教派團體的主要特徵之一，就是以方言撰寫他們自己的經卷，這類在明清時代用來表達教團基本信仰和價值觀的經文、書籍統被稱爲寶卷。」（Overmyer & Jordan，2005〔1965〕：14）；「就寶卷內容言，以通俗文字將佛經的義理平淺化、世俗化，其目的著重在傳教，借淺易的語言散播佛理，是宋元以來科儀書的延續。」（澤田瑞穗，1986）；「寶卷爲變文的嫡派子孫，是宋代說經的別名。」（鄭振鐸，1992〔1965〕）。

透過扶鸞的形式創寫教派神話和道德說教，並認為這些內容是經過神靈啟示的，某些早期的乩書實際上就稱為寶卷，是整個教派經文的統稱。歐大年發現慈惠堂的神學代表作《瑤命皈盤》亦是淵源初刊於 1880 年的教派扶鸞經書《玉露金盤》，內容也是沿用明末無生老母的創教神話（Overmyer & Jordan，2005〔1965〕），無生老母公式化的神話即是——「老母化育原靈——原靈降世——迷途失返——老母垂泣——修道歸鄉——母子團圓」，這樣的述寫同樣出現在《瑤命皈盤》，所以他以《玉露金盤》為慈惠堂瑤池金母信仰最早的核心經文。

茲將兩書篇目對照如下：

表 4-1 「玉露金盤」與「瑤命歸盤」兩書篇目對照

| 頁　數 | 《玉露金盤》 | 頁　數 | 《瑤命歸盤》 |
|---|---|---|---|
| 1 | 瑤池金母敘一篇 | 1 | 第一回　序 |
| 3 | 純陽呂祖敘一篇 | 5 | 第二回　瑤命皈盤 |
| 4 | 悟道眞人敘一篇 | 6 | 第三回　大道本源·天地人物之始（綜合錄） |
| 7 | 金闕選仙七律詩三首（純陽呂祖詩） | 9 | 第四回　我們眞正的　老母 |
| 7～8 | 瑤池金母五更辭五首 | 10 | 第五回　純陽祖師詩 |
| 8～9 | 觀音大士五更辭五首 | 10 | 第六回　瑤池金母五更辭 |
| 9～10 | 彌勒古佛五更辭五首 | 11 | 第七回　觀音大士五更辭 |
| 10～11 | 釋迦古佛五更辭 | 12 | 第八回　彌勒古佛五更辭 |
| 11～12 | 燃燈古佛五更辭五首 | 13 | 第九回　釋迦佛祖五更辭 |
| 12～13 | 地藏王佛五更辭五首 | 14 | 第十回　燃燈古佛五更辭 |
| 13～14 | 龍吉眞人五更辭五首 | 16 | 第十一回　地藏菩薩五更辭 |
| 15 | 悟道眞人五更辭五首 | 17 | 第十二回　龍吉眞人五更辭 |
| 15～16 | 純陽祖師十哀詞十首 | 18 | 第十三回　悟道眞人五更辭 |
| 17～19 | 達摩初祖彈珠辭十首 | 19 | 第十四回　純陽祖師十哀詩 |
| 19～20 | 韋馱菩薩護道詩十首 | 22 | 第十五回　達摩初祖彈珠淚 |
| 21～23 | 悟道眞人勸道詩十二首 | 24 | 第十六回　瑤池金母哭殘靈 |
| 23～25 | 瑤池金母淚珠辭十四首 | 26 | 第十七回　瑤池金母辨正歌 |

| 頁　數 | 《玉露金盤》 | 頁　數 | 《瑤命歸盤》 |
|---|---|---|---|
| 25～26 | 三丰祖師八陣辭八首 | 29 | 第十八回　古人肫摯倫常別　末世兇殘道德亡 |
| 26～29 | 瑤池金母辨正歌一編 | 32 | 第十九回　天曹聖會議救世　佛祖請母建慈航 |
| 29～30 | 善法大仙勸世歌一編 | 38 | 第二十回　老母慈悲決聖會　仙佛奉命渡眾生 |
| 31 | 達摩祖師勸世歌一編 | 47 | 第二十一回　東台展望如寶庫花蓮美景若仙鄉 |
| 32～33 | 玉華仙子勸世歌一編 | 49 | 第二十二回　懺悔惡行感天地節孝美名動鬼神 |
| 34 | 東方朔仙樂道歌一編 | 56 | 第二十三回　魂遊陰府歸無路魄散神壇法不靈 |
| 35～36 | 撒靈根眞種投凡 | 58 | 第二十四回　陰山背後遇惡鬼碧玉空中拜金母 |
| 37～39 | 背老母撒胆亂道 | 61 | 第二十五回　疑魔怪求神問卜治病難顯赫威靈 |
| 40～41 | 殘零子落欲海迷津 | 64 | 第二十六回　聖蹟仙蹤由此現天心人意動於形 |
| 42～45 | 悟道眞人玉露金盤 | 67 | 第二十七回　簡丁木不信神鬼老母娘妙收凡兒 |
| 45～47 | 皇極主人三請命 | 71 | 第二十八回　二月十八塑金像三月初十登寶堂 |
| 47～48 | 故虬撒胆再興妖 | 76 | 第二十九回　丁木求母釋疑惑金母帶子上瑤京 |
| 49～50 | 虬撒 | 80 | 第三十回　金光燦爛沖雲漢　母恩命賜慈惠堂 |
| 50～52 | 眾殘露跪求仙道 | 86 | 第三十一回　北方求取母經卷南山採伐筆桃弓 |
| 53～68 | 皇極主大洩天機 | 92 | 第三十二回　龍山舍利供母像練身健體穿青衣 |
| 69～70 | 妖魔鬼假設龍華 | 95 | 第三十三回　練神功嚇殺丁木除痼疾妙化神威 |
| 70～71 | 眾靈眞收妖顯法 | 103 | 第三十四回　錦囊開來三般法大道傳入百姓家 |

| 頁　數 | 《玉露金盤》 | 頁　數 | 《瑤命歸盤》 |
|---|---|---|---|
| 71 | 瑤池殿頒詔封仙 | 106 | 第三十五回　求道有心便可得命旗<br>無命休自裁 |
| 72 | 坐蓮臺群眞共慶 | 111 | 第三十六回　兒女協和休爭論道場<br>正氣勿看輕 |
| | | 118 | 第三十七回　瑤池宗風非凡俗天師<br>明解練神功 |
| | | 122 | 第三十八回　花蓮聖蹟天地久總堂<br>雄姿日月長 |
| | | 125 | 法寶二山摘錄記 |
| | | 134 | 先賢摘錄 |
| | | 159 | 勸世詩摘 |
| | | 171 | 慈惠堂拜血盆顯化奇聞摘錄 |
| | | 188 | 癒病免災奇聞摘錄 |

蔡秀鳳　製表

在「純陽祖師詩」、「瑤池金母五更辭」、「觀音大士五更辭」、「彌勒古佛五更辭」、「釋迦佛祖五更辭」、「燃燈古佛五更辭」、「地藏菩薩五更辭」、「龍吉眞人五更辭」、「純陽祖師十哀詩」、「達摩初祖彈珠淚」、「瑤池金母辨正歌」完全摘錄自《玉露金盤》一書，這些寶卷說唱式的詩詞、短文，蘊含佛、道多位神仙的勸世神學思想，傳達出教派的宗旨與教義精神，旨在勸人修行大道、認母歸鄉，擺脫生死之限。而其中第三回的「大道本源——綜合錄」則是以《玉露金盤》的「瑤池金母敘」，加入民初另一扶鸞寶卷《蟠桃宴記》的開宗明義章部分內容而成。〔註5〕

《瑤命皈盤——瑤池金母統御收圓顯化聖蹟眞傳》一書，是花蓮法華山慈惠堂的開堂堂主羅臥雲（自稱法華老人），於民國56年（1967）編輯而成，該書是慈惠堂最早且記載最詳細的一部慈惠堂發展沿革，內容分爲「慈惠堂創教史」、「短文」與「詩詞」兩大部分，上述相同的部分即爲一至十七回的短文、詩詞，十八回之後才是整個慈惠堂的緣起教史，《瑤命皈盤》可說部分承繼了《玉露金盤》的神學思想。

〔註5〕　《蟠桃宴記》於1934年在雲南地區扶鸞而結集成書，同時還有《洞冥寶記》一書流行。

　　《玉露金盤》的作者，據王志宇考證爲先天道的牟姓道士，〔註6〕林萬傳於《先天道研究》一書中探討《玉露金盤》的神學思維：(1984：81)

　　玉露金盤係光緒六年（1880）庚辰神壇之乩著，有瑤池金母敘，純陽呂祖敘及悟道眞人敘各乙篇，全書由十餘位仙佛聖眞降壇之詩辭集正文所構成。其書之名爲玉露金盤，瑤池金母敘中謂因哀傷慟哭九六原人之塵墜孽海，幸有呂純陽内相及主壇眞人之請命，求著善書勸世：「以吾眼中之激寫爲字，心中之苦著成書，名之曰至露金盤，玉露者吾之淚也，金盤者著之書也。」本書雖非先天道之本道經典，但所言如龍華三會、三皈五戒、九節玄功等全係先天道之奧義，尤其是許多過去所未洩漏者，披露不少，而書中之主壇眞人謂本係瑤池仙女，因犯戒下凡，及長皈依先天道，始返本還源，重返瑤池。

　　由於這個關係，使本書成了先天道之重要輔助經典。

　　雖然學界不完全同意《玉露金盤》是先天道的著作，但認爲該書接受先天道重要的神學思想，或對先天道影響極深。「瑤池金母」是先天道最早提出的名彙，是無生老母道教化過程的象徵。〔註7〕

　　中和慈惠堂楊道長對《玉露金盤》一書，認爲書名即深具意涵，他解析認爲：

　　「無極／大道，乃無量無邊、無垠無界、大而無外、小而無内，但一般人無法想像所以將其象化，比擬爲猶如月輪般的金盤，金母一炁化生萬靈，普降紅塵，就如露水般滴滴滾動，故曰「玉露金盤」，

---

〔註6〕晚清寶卷《玉露金盤》於光緒六年於四川某地刊行，作者爲道號慧金散人函虛子的先天道牟姓教士。該書之刊刻，與牟姓教士的女弟子楊氏有關。楊氏年輕守寡，後皈依牟姓教士。楊氏死後，牟姓教士利用降鸞，託言楊氏已受封天界，並著成寶卷《玉露金盤》。在楊氏家人的支助下，得以刊刻行世。（張之傑，1998：58）。先天道是由全眞道士黃德輝所創立的一個清代的民間教派，宋光宇亦指出黃德輝是江西人，原來是全眞教金丹派的道士，改革了某些全眞教的儀式丹訣而成立先天道。（宋光宇，1993.3：60）

〔註7〕林萬傳指出：「先天道的最高主宰無生老母，最早是仿金幢教稱爲「天地老爺」，之後再改爲「天地老母」，其後再更改爲「無生老母」，到了道光年間又改爲道教稱呼「瑤池金母無極天尊」。（林萬傳：1984：80）
先天道在早期的流傳過程中，曾受大乘教、金幢教的影響。道光年間，袁志謙建立西乾堂，將先天道改名爲青蓮教；其後教中分裂，派下弟子陳汶海等人重整教派，改「無生老母」爲「瑤池金母」，初步編造教中道統系譜，台灣齋教先天派即源自於此。（王見川，1993.11：24）。

萬類眾生同源而出，各具靈性，繼而「瑤命皈盤」，延續瑤池金母的

道脈，認皈修眞，回返無極大道的暗喻。」

《瑤命皈盤》摘錄《玉露金盤》部分內容，再加上慈惠堂瑤池金母應劫顯化的創教事蹟，可說是吸納、混融自明清以來民間教派的神學思想，而明清民間教派的興起猶如當時的新興宗教，道教的影響以新的形式在民間宗教世界重新迸發出來，(任繼愈，1991：739) 亦是道教傳演至庶民社會，民間化、世俗化的結果。(馬西沙，2004) 慈惠堂瑤池金母信仰的神學淵源，除了一脈相承道教的流轉，他所吸納融合的則爲民間教派的九六原靈、三期末劫、三設龍華的神學思想，這也成爲信仰的神學思想與教義，因此末劫救世、普渡收圓形成契子女內在的信仰動力與文化心理。

## 三、九六原靈、三期末劫、三設龍華——濟世度人、普渡收圓

### （一）無生老母——瑤池金母

明清以來民間教派便有無生老母、九六原靈、三期末劫、及三會龍華（或龍華三會）的信仰與神學內涵，慈惠堂「瑤池金母」與一貫道「無生老母」長期以來更是難分難解，甚或認爲慈惠堂是一貫道的一支，彼此除了有「母娘」、「老母娘」的親切稱謂，在教義、神學思想上亦有重疊混融之處（王志宇，1997），尤其三期末劫、九六原人／靈、九二殘靈、母娘救劫、濟世度人的說法更是同出一轍。

宋光宇認爲無生老母這個信仰的來源和成份，可說是把傳統中國人對「天」的認識，宋明理學對宇宙源起的看法，和佛家「無生」、「涅槃」以及道家所說「道」等概念揉合在一起的一種新概念。借用淨土的「無生」和理學的「無極」兩個名詞來表達（宋光宇，1981：577～582）。

馬西沙認爲「無生老母」的觀念至少在元代即已問世，但眞正在民間宗教流行還是明中末葉至清初的事，而青陽劫、紅陽劫、白陽劫，以及燃燈佛、釋迦佛、彌勒佛下凡應劫的最初紀錄，比無生老母觀念的產生還要早得多（馬西沙&韓秉方，2004：753）。〔註8〕三陽、三佛、無生老母之說，可說是明清

〔註8〕 據《續資治通鑑長編》卷一百六十一記載：北宋慶曆七年（1047）王則在貝州起義，以彌勒佛下生爲號召，宣稱：釋迦衰謝，彌勒佛持世。這種宗教宣傳，正是後來紅陽劫盡、白陽當興，釋迦退位、彌勒下生的最初形態。（馬西沙&韓秉方，2004）；（王見川&蔣竹山編，1996）。

以來民間宗教的信仰核心，這樣的信仰神學也隨著先民入台被傳揚到台灣。

齋教是以『無生老母』與『龍華三會』為共同信仰核心的民間宗教團體，分別於清乾隆、嘉慶年間先後傳入台灣，以台南為中心，分佈於西部各地。日據時期齋教為了生存，依附日本佛教，與其共同成立「愛國佛教會」，由於齋教主張儒釋道合一，與民間通俗信仰之祠廟相似，光復後，有的與大陸新傳入的民間教團合流，成立新的教派，齋教遂逐漸沒落，漸不為人們所熟知。而宋光宇認為，齋教在台灣宗教社會結構上的地位，並非由佛教填補，而是由它性質相近的鸞堂和一貫道所取代。〔註9〕

在台灣，無生老母（或稱明明上帝）的信仰是由一貫道而發揚開來，無生老母——民間俗稱「老母娘」，而慈惠堂瑤池金母一般契子女或信徒俗稱「母娘」，因為如此相近的稱謂，因而一般人大都以為兩者是同源的支派關係。

一貫道淵源於清代黃德輝創立的先天道（後稱青蓮教），（王見川＆蔣竹山，1996）幾經嬗變後，在清光緒 12 年（1886）才出現一貫道這個名號，又經過數次教團崩解，民國 19 年（1930）由山東濟寧人張奎生重新建立教團，這也是今天我們看到的一貫道。台灣的一貫道是由其中一支叫寶光組的人員於民國 34 年（1945）傳入，民國 40 年（1951）國民政府下令取締，民國 48 年（1959）重申前令禁止其活動，民國 52 年（1963）又強迫其解散，其後數年，政府更是嚴加取締一貫道，直至民國 76 年 3 月（1987），一貫道正式在內政部登記立案，成為合法的宗教。（宋光宇，2002）

《瑤命皈盤》節錄先天道之《玉露金盤》一書，一貫道又淵源於先天道，因此歐大年認為一貫道和慈惠堂一樣，都是以無生老母崇拜為信仰核心。明清時期民間教派盛行「無生老母」信仰，這個信仰的基本內容是說，在天地萬物及人類形成之前，宇宙原本是一片混沌狀態，後來從這個混沌狀態產生了陰陽，孕育了萬物和人類。

這種混沌狀態是美好的、有主宰能力的，因此又被稱為「無生父母」、或「無生老母」或「無極老祖」或「先天老祖」稱謂雖因教派有所不同，但內容大同小異。都是說人類自從離開「無生老母」身邊，降生到塵世，就為滾滾紅塵所迷惑，逐漸迷失善良本性，再也不認識返回天上真空家鄉的道路，終因罪孽深重墮入地獄受苦，在天上真空家鄉的無生老母，卻是日夜思念墮在紅塵世間的子女，啼泣悲嚎不已。

〔註 9〕有關齋教的相關文章，可參閱（王見川，1994）；（王見川，1996）。

　　於是老母娘親身下凡來度化世人，或派遣身邊所有的仙佛下凡，設立法門救世度劫，喚醒沈迷的子女，及早回頭共同修道，累積功德消除孽障，以便返回真空家鄉老母的身邊。〔註10〕（宋光宇，1981）《瑤命皈盤》第十九回至二十回也呈現出這樣的內容與說法。

> 金母曰：回憶六萬年前，九六下界當時，再三叮囑：遵五倫、重八德、行人道、順天理、行善作福、捨己利人，則人人皆得回來瑤天母子歡聚，免墜六道之苦慘，豈曉得一別至今，生生息息於紅塵業海之中，六萬春秋之久，面目早已模糊，盡把元本忘卻，真性脫離，貪圖紅塵之快樂，不知家鄉更倍的快樂，（……）任彼漂流，（……）娘心悲痛哉，不覺慈淚頻流雨下，娘若不親身下降，現身說法，眼見九二真靈愈墜愈深，不知回頭是岸，永無解脫之日矣（羅臥雲，1967：35）。

> 老母乃向眾宣說曰：吾今親身下降直勸原人，遵理守法，改惡從良，開航佈教普渡東林，（……）各界聖賢，諸洞仙真，開壇顯化，協助收圓。（……）各立教門，各顯神通，各盡所長，到處濟世度人。由此西方不留一佛祖，天上不留一神仙，萬先萬佛都來效勞供使，聽命收圓，方方開堂設教，處處顯化啟蒙，弘揚先天大道，普救眾生於迷津，人人皈依無極瑤池門下，共求解脫，個個養成忠孝節義之風，同返瑤天（羅臥雲，1967：45）。

## （二）三期末劫、龍華三會

　　宋光宇（1983）認為「三期末劫」的說法淵源於邵雍的《皇極經世圖》，〔註11〕喻松青（1994）認為明清時代的民間宗教可能是受到當時摩尼教的影

---

〔註10〕另據日人淺井記，〈羅教的傳承與變容——無極正派〉收錄於《明清以來宗教的探索》，台北：商鼎，1996，一文中所述，無極正派為明清羅教的支派，其教義經典《天緣結經註解》就是將羅祖無生父母信仰往側面女神發展，形成無生老母信仰，並擴大發揚，再加上三期三佛，彌勒下生說法成為救度教義。其註解經文中，敘述從家鄉靈山到東林降生的人類，因種種慾望輪迴於生死，而忘記返鄉之路，獲得西來妙意，擺脫輪迴，重返靈山，與母相聚。《天緣結經註解》明確的說主要是在宣揚無生老母的信仰，先天道也是屬於無極正派的支派，所以傳繼了以上的神學觀與教義。

〔註11〕邵雍（宋儒邵康節 1001～1077）的基本理論建立在先天圖上，一分為二，二分為四，四分為八，八分為十六，十六分為六十四。邵雍稱它為先天八卦方位圖，代表著一切事物生長進行的公式……邵雍認為天下事物都遵循這個法

響，而有此說法，這三個階段就是過去、現在、未來；或又稱青陽、紅陽、白陽；或稱龍華初會、二會、三會；或稱先天、中天、後天。「三期末劫」的時間觀也是白蓮教運動中最常見的宗教時間觀。

李豐楙（1999b）則將「末劫」概念形成的時間往前推移至六朝時期，受《雲笈七籤》影響最深，且提出只有行善守戒的種民才能得救說，〔註12〕道教靈寶派經典《太上靈寶五符序》，描述其中四個災劫，龍漢期、赤明期、開皇期、上皇期。龍漢期為古樸的社會，人民善良純樸，因此沒有善與惡的觀念；赤明期，邪惡叢生，因此有了惡與業報的觀念，天尊廣設道場度人；開皇期，人名雖然純樸，但已有智慧，懂得利用結繩記事；到了上皇期，因為

---

則進行，事事物物成住敗滅，都不脫此理。這種變化早在漢代已有，當時稱之為「卦氣」。照先天圖的說法，生命起於子，逐漸成長於少陽，大盛於太陽，至少陰時漸衰。少陽為春，春屬木，為青色，故稱青陽期；太陽為夏，夏屬火，為紅色，稱紅陽期；少陰為秋，秋屬金，為白色，為白陽期。這就是「三期末劫」的由來。（宋光宇，1983：87）

依照中國古代的習俗，認為秋天屬金，主殺。華北地方到了秋天，呈現一片瑟瑟肅殺的景象。也許因為這個緣故，中國民間宗教一直流傳著「三期末劫」的說法。三期說配上龍華三會說，形成中國民間宗教牢不可破的宇宙觀。

天帝教首席使者李玉階先生依據邵康節的《皇極經世圖》說法提出天地以「12萬9千6百年」為終始（即一元），天地一元消長的循環思想，猶如佛經所言：「成住壞空之劫」，一元12會──子至亥會，一會10800年，天開於子會沒於戌，地闢於丑會沒於酉，人生於寅會沒於申，亥會渾沌，子會復又開天，如此循環不已。子為開物之始，午為閉物之始，以午會為界，午會以前，自無入有，午會以後自有入無，皇極經世的世界觀早為宋朝道家陳希夷、宋儒朱熹所肯定。地球形成之歷史至今7、8萬餘年，據此推算人類社會現今正值午未交替，陽極陰生，正是中國近200年來天道上所謂三期末劫的時候，也是耶回兩教所謂世界末日來臨的時期（施美枝，2007）。「無極正派」宣揚三期三佛說（又稱三乘法）即無生母生出了天、地、人三才，第一才稱之為黃陽劫，是為燃燈佛掌天盤，乃上乘，第二才稱之為紅塵劫，為釋迦佛掌天盤，乃中乘，第三才稱之為白陽劫，為彌勒佛掌天盤，乃下乘，可說「無極正派」不但繼承羅教無生老母信仰，並加上彌勒下生要素，創始出新的支派。一貫道既是源出無極正派，自然容雜採匯出三期末劫的教義。

〔註12〕一般來說，道教在六朝時期已創發的末世論，在當時既已獲得教內教外的共同肯定，並加以整理後成為代表道教宇宙論的新模式。（——）道教的「末劫」觀是在與佛教經典中的末法思想結合後，始較易為民間宗教中的多數創教者所理解，主因就在於道經的流傳基於秘傳性的傳授原則，並未能較普遍地為非奉道者所輕易取得，這是源於教團內部遵守的請經、寫經的儀範。不過《雲笈七籤》作為一種類書，其流傳於教外的情況就比較普遍，故其中的劫運說足以代表道教的時間輪轉觀念，也就隨之而有機會傳布於社會各階層中。（李豐楙，1999b：53～54）

高度的文明發展，人類彼此猜忌爭戰，於是天尊傳下戒律並毀滅世界，只有少數種民才能被救贖。四個災劫是道教的末世論神學之一，劫數與災變有著密切的關係，大劫或小劫的末尾，稱爲劫末，就是末世，每逢末世，必有大大小小的災難厄運。（莊吉發，1995）

　　歐大年（Overmyer）認爲三期之說早在十六世紀就已出現，在《一貫道疑問解答》是如此述說：（2005〔1965〕：235）

　　　　自開天闢地，以至天窮地盡，其間謂之一元，一元共有子丑寅卯辰巳午未申酉戌亥十二會，一會有一萬零八百年。每會因氣象之變遷，而有數期之劫運。現在午會告終，未會初起。自開天以來，共有六萬餘年，已有三期之分：

　　　　第一期曰青陽劫，應於伏羲時代。

　　　　第二期曰紅陽劫，應於文王時代。

　　　　第三期曰白陽劫，應於午未交替。

　　　　每期道劫並降，以渡善良之人，進入道中，惡孽之輩，打在劫內。溯自寅　會生人，以至於今，眾原子生生死死，貪戀紅塵假景，迷失本來性靈，既不知從何而來，復不知尋路而歸，愈沈愈迷，愈迷愈壞，世風險詐，已達極點，因而釀成空前之大劫，故曰：「三期末劫」〔註13〕。

　　清代初年問世的《三教應劫總觀通書》記載：

　　　　世界上是過去、現在、未來三佛輪管天盤。過去者是燃燈佛，管上元子丑寅卯四個時辰，度道人道姑，是三葉金蓮爲蒼天；現在者是釋迦佛，管中元辰巳午未四個時辰，度僧人尼僧，是五葉金蓮爲青天；未來者是彌勒佛，管下元申酉戌亥四個時辰，度在家貧男貧女，是九葉金蓮爲黃天。〔註14〕

　　　　世界上是過去、現在、未來三佛輪管天盤。……過去係燃燈佛掌教，

---

〔註13〕http://www.ikuantao.org.tw/modules/tadbook2/view.php?book_sn=1&bdsn=54 中華民國一貫道總會，亦有同樣內容。

〔註14〕三教應劫即三佛應劫，所謂三佛應劫救世觀念，簡單地講是指燃燈佛、釋迦佛、彌勒佛在不同的時期應世而出，救度塵世間遭受苦難的芸芸眾生。其中彌勒佛在末劫之世，降臨人間，行龍華三會，改天換地，救度群民，以回歸彼岸爲宗旨。（馬西沙&韓秉方，2004：37）。

每年六個月，每日六個時。現在是釋迦佛掌教，每年十二個月，每日十二時。將來係未來佛掌教，未來佛即彌勒佛，每年十八個月，每日十八個時（謝宜蓉，1997：367）。

明朝萬曆年間的《普靜如來鑰試匙寶卷》亦有三佛應劫救世的記載：

> 燃燈佛，掌教事，青陽寶會，
>
> 釋迦佛，掌紅陽，發現乾坤，
>
> 彌勒佛，掌白陽，安天立地。
>
> 三極佛，化三世，佛法而僧，
>
> 三世佛，掌乾坤，輪流轉換，（……）（喻青松，1994）。

三期末劫代表三個階段的末劫時期，是明清以來民間宗教的神學理論，所代表的是過去、現在、未來的劫變時間觀，每一時期皆有應劫降世掌理救劫的真人、仙佛，每當逢之亂世即是災變末劫，展開救劫化度的工作。《瑤命皈盤》也承續了以上諸項觀念（羅臥雲，1967：43～44）

> 老母徐徐宣曰，自古吾道始自無極，無極生太極，判兩儀（……）上古人心純實，窮理究性，修成儒道釋天主回五教，渡化天下眾生，名雖各異，義理相同（……）中朝末世之人心，大異至理，說自由，道德淪亡，倡現實，廉恥俱碎，大道精髓日減一日（……）近世之人，作惡者眾，行善者少，何況文明的今朝，不聽父母教訓，不遵師長教導，不守法律，不和兄弟，憎恨殺戮，作惡行兇，此等之人，死歸陰府，致受無量痛苦，不得超生者，不知凡許矣，而今龍華佳期，若能改過堅修，不為祟鬼，不作野魂，或有善魂良魄，趁此三期良機，立志求救，上蒼慈悲，一視同仁，普度出苦，此為普度救陰界是也。

龍華三會之說乃源於佛教《佛說彌勒下生經》中，釋迦佛示意其涅盤後，彌勒佛將下生人間，救度世人，龍華會是指彌勒佛降世後的三次法會：

> 爾時彌勒佛於華林園，其園縱廣一百由旬，大眾滿中，初會說法時九十六億人得阿羅漢，第二大會說法時九十四億人得阿羅漢，第三大會說法九十二億人得阿羅漢。

龍華三會也是自唐朝以來彌勒信仰的核心教義，（馬西沙，2004）民間教派將此說法融入了三劫之說，曰三期末劫，龍華三會，三曹普渡，[註15] 故

---

〔註15〕三曹即前言天界、人界、陰界。

有龍華三會之說，也借用龍華會的象徵意義，代表天上群仙匯集的盛會。

　　無論三期末劫、龍華三會、三陽，都是呈現劫數、災變的思想，是宇宙生化的貫時性觀念，配合著人類自開天闢地以來，共有六萬餘年，而有三期之分，以青陽、紅陽、白陽分別代表過去、現在、未來，每一期各為一位仙佛掌理天盤，燃燈佛掌過去，釋迦佛掌現在，彌勒佛掌未來。

　　末劫指的是當朝代更異，災變迭起之時，世道不寧、人心不安的現象，曰末世之劫、末運，即是末劫，而劫運、劫數的末世論早就是道教的核心教義（李豐楙，1997），三期加上末劫，形成「三期末劫」的說法，現今世運雖非朝代更動之際，但物質文明發展極致，人心卻巧詐多端更甚往昔，故自明末清初民間宗教盛行的三期末劫神學教義，亦成為現今民間宗教的神學思想。

　　避劫攘災、化劫度世的度脫觀、救世論，一直是宗教號召群眾信仰的神學主題思想，也是自古以來的文化心理結構，即「常／非常」，世道崩壞、常德常道淪喪，由常成為非常，人類自然尋求返回「常」的希望與救贖，雖然各教派用不同的名詞加以陳述，並有細節上的出入，但總括說來，都是分別闡述世界所經歷的過去、現在和未來三個時期的劫難與救世觀。三期末劫的思想流傳由來已久，慈惠堂則是以瑤池金母為救劫度脫的信仰核心，將母娘視為三期末劫中，親臨凡間、普度收圓的救世教主。

　　明清以來民間宗教猶如大雜燴般，將三期末劫、午未交會神說，〔註 16〕融匯揉雜佛教龍華三會之說，成為三期末劫、龍華三會，彌勒掌盤下凡度世的神學概論，但在三佛之上多了最高領御女神——慈惠堂的瑤池金母，並且為滿足龍華三會渡盡九二億之說，以龍華初會渡回二億原靈，龍華二會渡回二億原靈，共度回四億，尚留九二億原靈／人在人間，因此成為三開龍華、三期午會，度回九二原人，早日完成收圓大任之神學思想，這樣的神學思想淵源亦是《瑤命皈盤》的核心觀念：

> 自從混沌初開，乾坤始奠，聖炁呵成九六真靈下界以來，迄今六萬春秋。（……）老母聖駕下凡，督造三期統御收圓大任，（……）老母當即宣說曰：回憶投下九六原靈以來，迄今六萬春秋，生生死死於六道輪迴之中，可憐原人無知，以苦為樂，作惡為歡，業債冤愆，層層疊疊，（……）生生還報，世世難逃，因此初二龍華，祇收四億

---

〔註 16〕所謂三期午會、午未交會，亦是沿用邵雍的《皇極經世圖》紀元會說，一會一萬零八百年，地球發展至今，六萬餘年即為午未之會交替之際。

回天，其餘九二業障深重的原靈，迷濛於紅塵火宅之內，深淪於情波欲海之中，（……）上蒼慈悲，三開救世聖會，奈何今之人心，遠離聖德之道，（……）因此天降橫禍，地生危災，蟲蝗瘟疫，可憐九二原靈，臨危不覺，瀕死無知，上天欲救無隙，仙佛欲說無力，而致三開救世大會，（……）故此吾要下凡，現身說法，佈傳真銓，以懲罰之嚴律，獎賞之妙方，明義氣，普傳良範，重禮節，挽回頹風，顯化東林，指揮收圓，三設龍華（……）。〔註17〕

## （三）九六原靈／人〔註18〕——普渡收圓

明清民間教派以寶卷的形式傳播教義，大多由韻文、散文相間組成可講可唱頗引人視聽，據考證最早的民間宗教寶卷是明初宣德五年（1430）孟春吉日刻行的《佛說皇極結果寶卷》在這部卷子已經有粗成體系的收圓觀念，（馬西沙＆韓秉方，2004）除了收圓觀念以外，還包括九六原靈、三期末劫的思維，茲將民間寶卷或鸞書出現之九六原靈／人敘述陳述如下：

表4-2　依　陳立斌《台灣慈惠堂的鸞書研究》九六原靈出處重編列

| 教派／經典／年代 | 內容 | 出處 |
|---|---|---|
| 大乘圓頓教／弓長《古佛天眞考證龍華寶經》（1652） | 想當初，混屯時，原無一物。從無中，生有相，一段光明。圓光中，化佛身，結光成體。化古佛，現金身，置立乾坤。無生母，產陰陽，先天有孕。產先天，懷聖胎，變化無窮。生一陰，生一陽，嬰兒姹女。起乳名，叫伏羲，女媧眞身。李伏羲，張女媧，人根老祖……混元了，又生出，九十六億。皇胎兒，皇胎女，無數佛星。 | 弓長，《古佛天眞考證龍華寶經——古佛乾坤品第二》收錄於王見川、林萬傳主編，《明清民間宗教經卷文獻：五冊》（台北市：新文豐，1999），頁652。 |

〔註17〕《瑤命皈盤》頁40～41。另第十九回——「天曹聖會議救世，佛祖請母建慈航」故於中華民國36年歲次丁亥六月三日，乃值龍華聖會佳辰，是時有三教聖賢、十方諸佛，齊來朝賀，參加盛宴，上帝並加召開仙佛下凡救世大會，共策妙法，啓化愚蒙，復回古道。《瑤命皈盤》頁32，目前各慈惠堂依瑤命皈盤所寫的「六月三日乃爲龍華聖會佳辰」，於是日舉辦敬讚或集體禮拜誦經。

〔註18〕因人具有靈性，所以原靈即是原人，兩者是一樣的意思。

| 教派／經典／年代 | 內容 | 出處 |
|---|---|---|
| 先天道／黃德輝《皇極金丹九蓮正信皈眞還鄉寶卷》（1624～1690） | （古佛天皇世尊）世尊曰……又搓下九十六億仙佛星祖菩薩降臨凡世，化現陰陽，分爲男女，匹配婚姻，合其夫婦，產育人倫，發生萬物。 | 《皇極金丹九蓮正信皈眞還鄉寶卷‧古佛開宗品第一》〔明刊本〕，收錄於王見川、林萬傳主編，《明清民間宗教經卷文獻：五冊》（台北市：新文豐，1999），頁48～49。 |
| 先天道／牟氏《玉露金盤》（1880） | 且言無極老母。即是。金母娘娘……老母左右。常有百萬天神拱向聽使。按時變化。但無人物。冷淡塵寰。老母乃將自性分下一粒。吹上眞氣。一口。即時變化。一粒化成二粒。二粒化成四粒。四粒化成八粒。霎時化成九十六億。眞性靈根。種子放在金盤。一粒粒擺開。——只見盤中九十六億。眞性靈根。個個轉動。 | 牟氏，《玉露金盤》，（三重：玄峯慈惠堂，再版），頁35。 |
| 餘慶堂／杜爾瞻《無極瑤池老母十六部金丹》（1950） | 母居貝闕。無極慈闈。溯古上世。於穆雍熙。迨今叔季。道德澆漓。百千愁思。九六原兒。年經六萬。運到三期。輪迴不息。道德日卑。高眞痛切。列聖生悲。爲匡世道。先正坤儀。金丹十六。玉律奉持。神人用命。一體傾葵。功垂卷帙。名掛瑤池。 | 杜爾瞻，《無極瑤池老母十六金丹‧首部詔曰》（台北：餘慶堂，1950），頁2。 |
| 慈惠堂／羅臥雲（1967）《瑤命皈盤》 | 自從混沌初開，乾坤始奠，無極老母聖炁呵成，九六眞靈下界以來，迄今六萬春秋。 | 《瑤命皈盤》第18回——「古人忠摯倫別常，末世兇殘道德亡」 |

蔡秀鳳　製表

　　不論九六億原靈，或九六原人、九六原兒皆是泛稱，意指世間一切眾生，皆由母娘一炁所化生，陳述的是宇宙炁化生成觀。九、六出自易經之神秘數字，乾卦之陽極爲上九，坤卦之陰極爲上六，陰陽之代表數字爲九與六，故九六所代表的是世間一切的陰陽現象，在人類而言，陽爲男陰爲女，代表陰陽的九、六神秘數字即象徵人間所有一切眾生，不分彼此，皆由母娘所化生。

另九二、九四也都是暗喻陰陽和合的神祕數字。

另《道藏‧洞玄十二部上清經》之內音經第六，註曰：

> 天之體圓，圓者，徑一圍三，三各一奇，三奇則三三而爲九，是九
> 者天之數。地之體方，方者，徑一圍四，四合二耦，三耦則三二而
> 爲六，是六者地之數。天地之體，各有變異，合九與六而計之。

由此可知九六代表天地之數、象徵災異的神祕數字，而人居天地之中，不離天地之間，故以九六原靈、原人、原兒來隱喻、包含天地之間所有人類。天地一切既是皆由母娘所化生，故應無所分別，盡皆救渡，回返無極原鄉〔註19〕，故說是「普渡」；「收圓」，圓亦是象徵性的想像，無極乃是無量無邊、無內無外、無所不在，但以圓代表含容萬類、災劫盡遍、圓滿無漏，所以說普渡收圓，度盡九六原靈。

慈惠堂瑤池金母乃從顯化事蹟開啓信仰之門，以神人之間的密契經驗傳揚而開堂設教，創教教主是無形無相的母娘，口口相傳的是療癒奇蹟與天人交感的事跡，雖然民國42年簡丁木等人取回定慧解脫眞經，但僅於供奉或誦念，各地傳頌的仍是母娘的靈感與有求必應，法華老人羅臥雲於民國50年之春，蒙母娘授命編著　瑤池金母救世聖蹟之眞傳史，命名爲《瑤命皈盤》，至民國56年《瑤命皈盤》成書，瑤池金母化劫度脫之救世論、普渡三界之收圓觀的神學思想與基本教義終於建構完成。

化劫救世、普度收圓是慈惠堂瑤池金母信仰之神學淵源與教義，建基在道教開勢度脫的核心思想，吸納、承續民間宗教的劫末生命急迫觀，希冀建立天人共享的樂園，不論以何種名號在世間顯化傳揚，基本教義都是救度世人、回歸極樂原鄉。

## 四、慈惠堂與一貫道之異同

慈惠堂契子女、堂生、信徒對瑤池金母的稱呼爲「母娘」，和一貫道「老母娘」的稱謂，長期以來確實讓社會一般人士混淆不清，甚至認爲是同一教派，茲將其差異及近同之點提出比較，可從表中釐清兩教的觀念，並對瑤池金母信仰有所認知。

---

〔註19〕母娘由無極而來，聖炁化生萬靈，人溺苦海災劫，母娘救度世人，故說重回
　　　　無極原鄉。

表 4-3　慈惠堂與一貫道之比較

| 項目 ＼ 教別 | 慈惠堂 | 一貫道〔註20〕 |
|---|---|---|
| 最高神祇 | 瑤池金母 | 明明上帝 |
| 稱號 | 母娘 | 老母娘、明明上帝<br>各組領導人：老前人 |
| 主要經典 | 瑤池金母普度收圓定慧解脫眞經 | 不限，儒、釋、道、耶、回五教皆是其研修經典，具有教育、道德、或修身養性意涵的經典、書籍皆爲其採用，如弟子規、論語、道德經或其教內開沙盤〔註21〕之書 |
| 核心教義 | 母娘降靈、化劫救世，普度收圓，將九六原人度回母娘身邊 | 三期末劫、彌勒古佛掌天盤、道入火宅，人人可得度，將度回九六原人 |
| 組織 | 各堂自由設立相關組織、組別，負責堂務運作，有的慈惠堂成立管理委員會，如中和、後港、高雄慈惠堂，有的是契子女大會管理人制，如新莊、蘆洲、法華山慈惠堂，有的完全是家堂型態，聖地慈惠堂僅爲信仰的精神象徵，無管理與指揮實權。 | 組織嚴謹，層層建構，例如一貫道寶光組建德道務中心組織系統表中，〔註22〕設有庶務部、文宣部、公關部、道務部，部之下設室，如文教室、禮儀室、研發室，室之下設組，分組負責相關道務，並有完善上對下輔導機制，及勸化入道的小組。　另每一支／組有引保師、點傳師、講師負責引渡之道務。各支／組中以個人成立家堂爲主，設堂主，以小地區教化爲主，分層負責，形成嚴密的網絡化傳道型態。 |
| 傳道 | 總堂以傳母娘令旗、懿旨爲主。慈惠堂分堂自傳<br>※九字眞言：<br>無極瑤池金母大天尊、或瑤池金母、無極瑤池西王金母大天尊<br>※母娘經：<br>瑤池金母普度收圓定慧解脫眞經<br>※煆身<br>各堂自由發揮，不設限 | 玄關、口訣、手印爲點傳入道之三寶，秘而不宣，除非是已入道之道友才可言說，點傳師在入道時會說此三寶爲「天堂掛號，地獄除名」之印記 |

〔註20〕一貫道相關資料可參閱中華民國一貫道入口網站：http://www.ikuantao.org.tw/modules/tadbook2/view.php?book_sn=1&bdsn=90；或（宋光宇，1983）。
〔註21〕一貫道以童男或童女手扶柳枝於沙盤上寫出神諭神示曰開沙盤，有的支派有開沙盤有的支派重教化，不是所有一貫道都有開沙盤。
〔註22〕參考網址 http://sps.bgjd.org.tw/DocLib/AO.aspx。

| 教別\項目 | 慈惠堂 | 一貫道〔註20〕 |
|---|---|---|
| 服裝 | 青衣 | 此期爲白陽期，以白色唐裝、或長袍褂爲主 |
| 傳教戒規 | 慈惠堂堂規八則 | 重戒律，以儒家道德規範、弟子規爲法本，嚴守戒規 |
| 飲食 | 拜契或成爲堂生後葷素皆可 | 點傳入道後須素食 |

蔡秀鳳　製表

# 第二節　「瑤池金母普度收圓定慧解脫眞經」意涵與實踐

　　「瑤池金母普度收圓定慧解脫眞經」於《瑤命皈盤》中所述，是由簡丁木等契子女奉命北上取得，早晚誦念，目前此經被慈惠堂的契子女或信眾稱爲「母娘經」，它代表了瑤池金母信仰的經典教義、母門（慈惠中人自稱母門）宗旨，早期被質疑慈惠堂瑤池金母信仰是無教義的教派，或是一貫道的支脈，林國雄在此情境下，因應當時歸入道教的時勢，致力尋求根源，與歷史上瑤池金母的起源與發展接脈，整理出《瑤池金母聖略研究》，實則慈惠堂瑤池金母靈感創教，雖以神靈顯化的方式降臨台灣，卻也指示教義經典的所在，《瑤命皈盤》第三十一回——「北方求取母經卷，南山採伐筆桃弓」

　　（……）三人同到北方求取瑤池金母度世眞經回堂，以資早晚恭頌，並加互相參研經文意義，能得了徹金母下降要旨，作爲修道先鋒。（羅臥雲，1968：86）

　　當初取回之眞經即是現今各慈惠堂眾所奉行的《瑤池金母普度收圓定慧解脫眞經》，（以下簡稱母經）源於信仰初始大部分是未受教育的民間百姓，且靈驗事蹟不斷顯應，因此經典的眞實意涵並未受到重視，只被當成消災法會或祝壽儀式集體誦念的教本，雖然朗朗上口，對於內容的眞實意涵並未深究及宣揚，這樣的現象也令外國研究學者蔚爲奇觀（Overmyer & Jordan，2005〔1965〕）蔚爲奇觀。

　　據王見川（2000）考證，《瑤池金母普度收圓定慧解脫眞經》是杜爾瞻

等人於 1950 年在台北餘慶堂扶乩造著的《無極瑤池老母十六部金丹》中的第七部，此《十六部金丹》共有 16 部，每部有十六篇鸞詩，每一部鸞詩旨在描述內丹的修煉方法與情境，（陳立斌，2004）只有第七部的內容以文言闡述，是以另外刊印獨立單行本，在當時鸞堂交流研修，簡丁木北上取經帶回後，花蓮總堂將「瑤池老母」改成「瑤池金母」並於頁首加入「瑤池金母讚」，於是成為現在的母經──《瑤池金母普度收圓定慧解脫眞經》，目前流通的版本，幾經翻印，最後一頁的完經跋已經消失，研究者取得早期由中和慈惠堂出版的母經，經文末頁確時刊印以下跋文：

> 慈音聖佛
>
> 一卷收圓定慧經，金丹拔萃錫頒行，爾瞻恭作完成跋，宇內人知表至誠。（……）老母許賜作十六金丹拔萃頒行，俾早日信受奉行，慈命爾瞻恭賦一跋以完　卷末，但爾等乾坤二道，務宜偷閒習靜，早悟玄功。（……）

由此可印證《瑤池金母普度收圓定慧解脫眞經》確實由杜爾瞻扶鸞著作之《無極瑤池老母十六部金丹》中而出，對於經典的出處來源，慈惠堂諸多契子女並未加以探究，大都停留在誦念的形式上，但此經中所蘊含的道理即是慈惠堂瑤池金母信仰的宗旨、教義，闡述了母娘信仰的宇宙觀、修行觀及解脫之道，解脫道廣義的說也是生命終極關懷的信念與文化，從容面對生存與死亡的課題，建構安生樂死的狀態，進而解除死亡的無明恐懼，探究生命本源，人人修身養性，返本還原，見之本來面目，達到普渡收圓的境界。

《瑤池金母普度收圓定慧解脫眞經》是慈惠堂的聖典，呈現出類似六朝道教天書的結構，首先借用慈航尊者問法，瑤池金母在無極光中，命彩女董雙成仙姑恭傳經言，將天界神仙的聖意祕義經典，透過杜爾瞻扶鸞乩手，翻譯成方便施教的人間語言、文字下傳給紅塵凡人，藉以修眞歸鄉。

瑤池金母信仰就是修眞解脫的道路，蘊含漢人生命哲學與文化，如果僅限於女神的意涵，到處敬拜不一樣的母娘，有老有少，依人想像而成相，不一而足，母娘降世救劫、開宗設教深藏意涵，旨在敦促原靈尋回本來面目，早日返鄉，不再流浪生死。

# 一、道爲宇宙本體、生命炁化〔註23〕生成觀

　　彼時

　　天放祥光。彩雲繞戶。鷥鶴侍衛。旌旆佈空。

　　金母乘九鳳之輦。駕五色之雲。一時

　　三教聖賢。俱來擁護。天花繽紛。仙樂節奏。於是

　　金母悲憫東林兒女。放　無極之光。即於光中。而宣說曰。

　　天從無極中開。太極日月三台。日月陰陽運轉。人從陰陽胚胎。

　　或稱男兮爲女。皆從無極而來。只爲中間一動。霎時落下塵埃。

　　墜入五濁惡世。貪戀酒色氣財。因此輪迴旋轉。情波慾海生災。

　　血水週流可愍。尸骸遺脫堪哀。老母說經至此。婆心慈淚頻催。

　　母娘放無極之光，於光中宣說，天地之形成與人之由來，天乃從無極（○）開化而成，繼而太極（☉）分判，分出日月陰陽，陰陽運轉，人從陰陽胚胎結合而生，因中間一動，霎時落下塵埃，故人皆從無極生化而來。

　　○→☉（無極中間的先天炁一動──或稱先天太極）→⊕（先天母，開始分化、化生，萬物分門別類的起點），旋轉形成 ☯（後天太極）→☉☉（由一生二，陰陽分判。）「無極」乃盡徧虛空、無形無象、無所不在，長存而無有生滅。

　　《周易‧繫辭上》：「易有太極，是生兩儀，兩儀生四象，四象生八卦，八卦定吉凶，吉凶生大業。」；老子──《道德經四十二章》：「道生一，一生二，二生三，三生萬物，萬物負陰而抱陽，沖氣以爲和。」老子以爲萬物由道來化生，道是宇宙萬物的本體、一切萬物的總根源，而「一」是指氣，《莊子知北遊》：「人之生，氣之聚也，聚則爲生，散則爲死，若死生爲徒，吾又何患？故萬物一也。」天地萬物因氣聚而生，氣散而死，一氣而成萬形，道所生的一，即是萬物之始源的炁。

　　老子的道生一，一生二之說，與易經有相似之處，宋儒後來據《老子》的思想，在太極之上加入無極以象徵道體。（蕭登福，2004）故今言：無極生太極，太極生兩儀，兩儀化四象。

〔註23〕「炁」代表天地未生成時之一團混沌之炁，先天之炁，「氣」，則是指後天生成之氣。

　　道教以玄、道爲宇宙生成的原理，於漢朝時接受漢人的元氣說，做爲宇宙構成論，宇宙爲氣所構成，人也是氣的構成體，《抱朴子》曰「人在氣中，氣在人中，自天地以至於萬物，無不需氣以生。」（李豐楙，1982）宇宙炁化觀於《雲笈七籤》亦清楚地記載：道教三洞尊神與天地萬物皆從「元炁」中流衍造化而來：

　　　　混沌之前，元炁之始也。元炁未形，寂寥何有，至精感激，而眞一生焉；元炁運生，而天地立焉；造化施張，而萬物用焉（……）妙一分三元，又從三元變成三氣，又從三氣變生三才，三才既滋萬物斯備。其三元者，第一混洞太無元，第二赤混太無元，第三冥寂玄通元。從混洞太無元化生天寶君，從赤混太無元化生靈寶君，從冥寂玄通元化生神寶君。大洞之跡，別出爲化，主治在三清境。其三清境者，玉清、上清、太清是也，亦名三天，其三天者，清微天、禹餘天、大赤天是也。天寶君治在玉清境即清微天也，其氣始青；靈寶君治在上清境即禹餘天也，其氣元黃；神寶君治在太清境即大赤天也，其氣玄白。故九天生神章經云，此三號雖殊，本同一也（……）其三氣者，玄元始三氣也，始氣青在清微天，元氣黃在禹餘天，玄氣白在大赤天，故云玄元始三氣也。又從玄元始變生陰陽和，又從陰陽和變生天地人。

　　宇宙萬物由「元炁」所化，許多道經更由道炁所出，以及道經的彼岸世界包括早期的崑崙、蓬萊、三天、九天及後來形成的二十八天、三十二天、三十六天、洞天福地亦是由道炁所產生。

　　六朝天師道的信仰堅持「道起於無，無形無象」，在天師道系經典《三天內解經》中描述「道」爲宇宙萬物的本源，但出於「無」，而虛生「自然」、「空洞」及「太無」，「太無」變化而出「玄」、「元」、「始」三氣，三氣原來「清濁不分，混沌狀如雞子中黃」，後來分散，形成玄氣爲天，始氣爲地，元氣爲水。總的來說，天師道認爲道氣在天地上下授與生命與萬物，提供天地萬物精神動力。（黎志添，1999）

　　總括說來，母娘經承繼了從先秦以來道家的特色，以道爲宇宙之本體，即道／無極是一切萬物的根源，也是萬物生化所需遵循的法則，萬物炁化而生成，無極、太極、日月陰陽，天、地、人，乃至萬物萬類有情生命，故曰：「萬類咸資化育」，人類的源頭是無極，秉受陰陽和合之炁而成形。

　　「母」代表一切創生、分化的起點與原型〔註 24〕，容格心理學也有「大母神」的原型，大母神是人類對於創造生命之物、滿懷慈祥之物、包容萬物之物，所存在的印象，「母親」象徵孕育包容萬物的一個程式（長尾剛，2007：124～128）。故由金母在無極光中宣說回返無極之道／法則，救贖凡間受諸苦難的原兒，回復無拘無束、解脫自在的原生樂園。

　　是時，

　　瑤池金母。在　無極光中。命　彩女董雙成仙姑。恭傳經言。

　　金母曰。自古吾　師。玄玄上人。傳道於　木公。木公傳道於　吾。

　　而後口口相傳。不記文字。

### 表 4-4　宇宙生成神學觀、生命源起演化圖、收圓圖

| | ○ | ◎ | ⊙ | ⊕ | ☯（⊙⊙） |
|---|---|---|---|---|---|
| 道曰 | 無極<br>眞常<br>眞道<br>皈眞 | 玄之又玄 | 先天太極<br>混沌太極 | 金母<br>（先天母、萬性之根源） | 兩儀<br>陰陽<br>後天太極<br>世間相對之萬事萬物 |
| 佛曰 | 眞如<br>自性 | 無明 | 行 | 識性 | 名色〔註 25〕 |
| 儒曰 | 良知良能 | | | | 分別 |
| 逆向修行回歸本來 | ○<br>本來面目 | ←◎<br>源 | ←⊙<br>還 | ←⊕<br>本 | ←☯<br>返 |

蔡秀鳳　製表

　　有關木公、金母、玄玄上人，五方五老〔註 26〕皆以人格化的形象，闡述

---

〔註 24〕老子道德經云：「無名天地之始，有名萬物之母」天地從道而生，萬物自道而成，母代表開始演化的起點，一切立名分類，開始演化生育生生不息。

〔註 25〕佛教十二因緣法：無明緣行，行緣識，識緣名色，名色緣六入，六入緣觸，觸緣受，受緣愛，愛緣取，取緣有，有緣生，生緣老死憂悲苦惱，爲一切眾生生死輪迴之歷程，語出《妙法蓮華經》卷三化城喻品第七。台北市：菩提長青社，1984。

〔註 26〕五方——東、西、南、北、中，配合五行——金、木、水、火、土，五色——青、白、紅、黑、黃，衍生出五老——東方木公、西方金母、南方赤精子、

傳道之神聖任務的傳遞，讓世人有所依相想像，亦涵示宇宙生成的神學觀，中和慈惠堂楊道長說經時，則認為這是我們生命緣起演化的隱喻說法。

## 二、不生不滅之道

人類自墜入五濁〔註27〕惡世後，因為貪戀酒色氣財，因此輪迴旋轉，情波慾海生災，因而血水週流可憫，尸骸遺脫堪哀。

> 爾時，慈航尊者，合掌恭敬而請曰：弟子聞母金言，無極既生　太極，兩儀又分三家，萬物由此而生，又復由此而滅，何不令其不生不滅，以免血流滿地，骨脫如山，豈不甚幸！

> 金母曰：

> 太極分判，天地生物之心也，血流滿地，骨脫如山，萬物自作之孽也。

> 爾今問此，但有不生不滅之道。而無不生不滅之理。爾時，　慈航尊者常跪座前，敢請宣說不生不滅之道。

> 金母撫膺良久曰：居，　吾語汝！道者，反本之用也。萬物皆有本，由本而生枝，由枝而生葉，由葉而生花，由花而結果。人與萬物不同質，而同理也。本立則根生。根生枝葉茂：本枯則根朽，根朽枝葉零。是以修道固本，固本者何？

> 人以孝悌為本，道以精神為本，孝悌立，而人無愧。精神足，而道可修。修道無他，還全本來面目而已。精神從何處散出，還從何處收來。

萬物自分生化類生成之後，其形質又經毀滅化為烏有，血流滿地，骨脫如山，乃自然之律、萬物自造惡因也，金母不能違反自然強加干涉，但萬物生化卻有不生不滅之道，萬物從無極而來，無極乃無量無邊、充塞萬有、自

---

北方水精子、中央黃老，據道教會印製之中華道教神明溯源系統表：原始一炁化三清→上清靈寶天尊→、玉清元始天尊、太清道德天尊→三清化東華至真之氣東方木公、西華至妙之氣西王金母及圓明道姥天尊，以上皆屬大羅天先天無極界，於其下再化配合五行五色之五姥／五帝：東方青帝主木司春、西方白帝主金司秋、南方赤帝主火司夏、北方黑帝主水司冬、中央黃帝主土司四季。

〔註27〕「五濁」佛家語，為劫濁、見濁、煩惱濁、眾生濁、命濁。《法華經》卷一方便品第二。

然長在，既無起始自無滅絕，湛然長存，無有生滅，故說不生不滅。

《道德經·二十五章》：「有物混成，先天地生。寂兮寥兮，獨立而不改，周行而不殆，可以為天下母。無不知其名，強字之曰道」道的存在在天地萬物之前，並且，道永遠不變又不止息。老子的道，不只指道路或規則，更是指天地萬物的來源與歸宿。

「道」為一切之本源、本體，真常永恆，故有不生不滅之道；「道」，返本之用也，「道」原指路途、路徑，泛指一切法則，「道」乃是萬物用來返回本源、本來之路徑，人既從無極而來，反本即是返回無極本源，不生不滅之道即是返回無極，見之本來面目／本源的法則、路徑、方式，「無極」，道曰：真常、真道，釋曰：真如本性、自性、真心，儒曰：天性，說此定慧解脫真經時，乃是三教聖賢齊來擁護，故不生不滅之道亦融合三教之說法。

表 4-5　三教聖賢「不生不滅之道」融合說法

| 教別 ＼ 項目 | 各家之本 | 實　踐 |
|---|---|---|
| 道 | 精神 | 何處散出，何處收來<br>養形存神、顧養精氣神<br>清靜無為、抱玄守一 |
| 儒／人道 | 孝悌 | 溯源返本、力行人倫綱常<br>存心養性，無愧天地。 |
| 釋 | 自性 | 明心見性， |
| 目標 | 見原母 ⊕ →回無極、還全本來面目 | |

蔡秀鳳　製表

「不生不滅之道」即是母門的修行核心宗旨之一、修道的終極成就，也是母娘開宗設教達成普渡收圓的教義，內含如實修行、自渡渡人的玄機，一般契子女與信眾依其根器取其內涵，有者力行五常八德、世間綱常、儒家規範，有者勤修丹道（李豐楙：2000a），有者性命雙修、福慧雙運，探索生命本源。

台語說人之死亡曰：「過身」，蘊含生命文化的無限深意，認取神靈、神炁不滅的隱意，不生不滅、不死的探求是每一個民族都有的願望，神仙與永生世界更是一個夢境，在神仙之夢中，人類獲得絕對的自由、逍遙（李豐楙，1982），另《太平經》中除了肯定神仙存在，還進一步肯定凡人可經修練而成

不死之神仙（楊琇惠，2002）。

　　脫離現實的困境、擁有超越現實的能力，建構無染純淨的樂園，宗教信仰的神學思想與生存文化的哲學互相融會，正因如此的交互作用，形成契子女內在的信仰動力，並型塑信仰的文化，除了成為母娘與契子女之間堅實的共感凝聚力，亦是穩定社群的要素，發揮了宗教信仰所扮演的社會與文化功能（李亦園，1978）。

## 三、定慧解脫──生命取向的思維方式

　　「解脫」可說是所有宗教信仰中最首要之論題，其究極目標乃是解開慾念、現實、生死之束縛，離苦得樂、身心安在、安生樂死，以現代顯學而言即是一門生死學、生死關懷。

　　《道藏‧三十六部真經》之〈洞真部玉清經卷上‧妙林經第四〉：「諸天法海，無量無邊，大周法界，無有窮盡，種種法本功德，即是天尊無限智慧，實非賢智，能明是因，得知是法。（……）一切凡夫，取著於色，乃至著物，即生貪心，故為繫縛，則不能免生老病死，憂悲大苦一切煩惱。以是因緣，得聞是法，免離諸難，無量眾生，俱得解脫。」

　　得聞是法，即是得聞道法，才能免離諸難，解脫一切煩惱。超越生死之流，不受生死的束縛，自由生死，自主生死，不生不滅，便是解脫的境界。（聖嚴，1996：168）

表4-6　解脫在宗教說法上意函

| 道 | 羽化登仙 | （李豐楙，1982） |
|---|---|---|
| 佛 | 涅盤 | （楊惠南，1980） |
| 儒 | 成聖成神 | |
| 泛稱 | 脫離一切束縛 | |

蔡秀鳳　製表

　　母娘經中，慈航大士不忍蒼生受難，因而請益金母，宣說解脫之道，金母言：欲求解脫，先需定慧。於是金母開方便之門、說解脫之道，此即說經源由：

　　　若無慧力。何能解脫。欲求解脫。先須定慧。
　　　時　慈航大士。合掌恭敬。而白母言。

願母開方便之門。說解脫之道。眾生之幸。則　慈航之幸也。

爾時，金母慈顏大悅。對　慈航大士言。

爾以大慈心。顯化東土。今以解脫相請。爾其靜聽。

吾（金母）為宣說普度收圓定慧解脫眞經。

（……）金母曰。解脫非難。難在定慧。

身心大定。便生智慧。智慧既生。解脫亦易。欲明解脫。先除六賊。
耳不聽聲。口不視色。身不觸污。意不著物。鼻不妄嗅。口不貪食。
六賊既空。五蘊自明。受、想、行、識。如鏡見形。五蘊既明。三
家會合。

精氣與神。長養活潑。上下流通。何難解脫。

　　解脫之道便在定、慧二字，說此經時是三教聖賢聚集，故亦呈現三教融
合的闡述手法，定、慧二字是佛家直上解脫道的三無漏學——戒、定、慧，
由戒而生定，由定而發慧，由慧起修，（聖嚴，1996：145）身心大定，便生
智慧，三者缺一不可，在此不言「戒」字，除了此段經文以四字成句之體裁
外，戒為規範外顯之身行，屬於基本功夫，定慧為修煉心性之內丹功夫，凡
人之心似猿馬，難以自主，修心屬於更上層，也隱示奉道修行之人必須實守
戒規，若連基礎功夫都未達到，遑論解脫了。

　　定，禪定，是收心攝心使心力不受外境動搖的功夫，道教的吐納及西洋
耶教的祈禱，也都是禪定功夫的一種，禪定是修持的一種方法，而非修持的
目的（聖嚴，1996：102）。

　　定：不散亂、不昏沈，惺惺又寂寂，心念已寂然，卻不死寂；「不依心不
依身，不依也不一」，心念已不在心，不專注身，連不專不依都丟掉，就是定。
得定之後連定的念頭也捨棄，連身心都沒有，身心所達的境界也都滅掉，得
「定相」，住於寂滅中。聖嚴法師解釋定境為：身／心／世界全都不見了，進
入虛空寂靜的境界，超越一切感覺、觀念的境界稱之為定境。（道緣，2001：
191）入定之後，智慧油然而生，不假外有，源源而出。慧是清明的睿智，認
清方向，努力精進。（聖嚴，1996：168）

　　《六祖檀經·坐禪品第五》：「本性自淨自定，只為見境思境即亂，
若見諸境心不亂者，是眞定也。」另〈定慧品第四〉：「定慧一體不
是二，定是慧體，慧是定用，及慧之時定在慧，即定之時慧在定，
若識此義，即是定慧等學。（……）善知識！定慧猶如何等？猶如燈

光，有燈即光，無燈即暗，燈是光之體，光是燈之用，名雖有二體
本同一。此定慧法，亦復如是。」

據中和慈惠堂楊道長解釋定慧二字：何謂「定慧」，金母要眾原兒修行的
是先天道，既是先天道即是無形、無相、無情、無名，如《太上老君說常清
靜經》所云：

老君曰：大道無形。生育天地。大道無情。運行日月。大道無名。
長養萬物。吾不知其名。強名曰道。

生化萬物的源頭，強名曰道，就是先天道，也就是金母（先天母⊕）如
果是後天道就是有形有象，侷限在物象上，無法演化一切。既是先天道即是
無所分別，無所不包，從衍化一切、識性分別的⊕到⊙（守一），也就是從／
分別（⊕）到／守一（⊙），才是「真定」的境界，進入⊙—「真定」才是智
慧，定的真功夫不是呈現在靜坐、打坐的外相上，由分別外相、外境、起心
動念，到離相、不分別才是真「定」，既無分別，自然遍知一切，遍知一切即
是「慧」，由此所修行的路徑，即名曰「定慧」，此「定慧」功夫才能達到「解
脫」之境，「定慧既生，解脫亦易」，也就是釋教所說的「轉識成智」。

解脫又分世間解脫、出世間解脫、究竟解脫。「世間解脫」即是放下世間
煩惱，解脫情的束縛，因為世人皆是為情所困；「出世間解脫」即是破除自我
的執著，斷除我見；「究竟解脫」即是以定慧功夫，轉識成智，達到離相的不
分別境，也就是無相無別，《金剛經》所云：「見諸相非相即見如來」。母娘經
上云：「返本還原」，即是要原兒們走反向的路，回歸到原來的無極之境，才
能見到本來的面目，世人往往是『背覺合塵』，而今還原之路即是要轉成『背
塵合覺』，才能尋回真心、真面目。

分別／出流〔註28〕：

○→◎→⊙→⊕→☯ 由此開始分衍一切有情、陰陽相對之紅塵世界。

修道即是走回返之路、逆修而回：

○←◎←⊙←⊕←☯ 由此逆向修真、入流回歸，即是精神由何處散出（出
流），即從何處收回（入流）。

解脫的實踐之道：

「六賊」一詞是佛教的名詞，自明清以來民間宗教呈現三教融合的現象，
母娘經於1950年經由扶鸞著作而成，自是融會三教說詞，以下簡說六根六塵

---

〔註28〕 出流指耗散精氣神，入流則指收攝精氣神於自身，不外馳外放。

六識之關係：

### 表4-7 六根、六塵、六識之關係

| 六根〔註29〕 | 眼 | 耳 | 鼻 | 舌 | 身 | 意／心 |
|---|---|---|---|---|---|---|
| 六塵 | 色 | 聲 | 香 | 味 | 觸 | 法 |
| 六識 | 眼識 | 耳識 | 鼻識 | 舌識 | 身識 | 意／心識 |

蔡秀鳳　製表

六根接觸六塵，根塵相應，形成六識，對外境產生分別與作用，眼根所見形與色、耳根聽聞之聲，鼻根所嗅之香臭、舌根所嚐之味、身根所觸之粗細冷熱與濕滑、意根則是思想，統稱爲法。此即是六識。

六根的六種功能和合成爲一般我們所稱的「心」，就是意識心、覺知的心、有感覺的心，平日所用皆是這顆萬能無比、能產生各種想像與作用的凡心。

六根是六識的工具，六識是六根的作用，六識即爲六賊，因眼根貪色、耳根貪聲、鼻根貪香、舌根貪味、身根貪細滑、意根貪樂境、因貪起愛生執著，造成憂悲苦惱、顛倒妄想，因六識／六賊不斷對外境起分別與作用、令人執著、癡迷，因而奪取、耗散人身的精氣神，《道德經第十二章》所云：

> 五色令人目盲，五音令人耳聾，五味令人口爽，馳騁田獵，令人心發狂，難得之貨令人行妨，是以聖人爲腹不爲目，故去彼取此。

故母娘經曰：「欲明解脫，先除六賊，耳不聽聲。目不視色。身不觸污。意不著物。鼻不妄嗅。口不貪食。」說「除」說「不」，意謂不受牽制、支配與誘惑，擺脫束縛、不起作用，當六根面對六塵境時，只有觀照而不起分別與交互作用，如此六根就從六塵中得到了解脫，也就是六根清淨了（聖嚴，1996：111），《清靜經》亦云：「眞常應物，眞常得性，常應常靜，常清靜矣，如此清靜，漸入眞道。」清淨、清靜，才能漸入眞道而得道。儒曰：「戒慎乎其所不觀，恐懼乎其所不聞」，道曰：「恍恍惚惚杳杳冥冥」，釋曰：「無眼耳鼻舌身意、無色聲香味觸法」，皆是澄心遣欲，達之解脫清靜各家的實踐方法。

> 六賊既空。五蘊自明。受、想、行、識。如鏡見形。五蘊既明。三家會合。精氣與神。長養活潑。上下流通。何難解脫。

---

〔註29〕眼耳鼻舌身意謂之六根，是從心理與物理的媒介功能來說，也就是生理學上的神經官能，例如眼有眼神經，耳有耳神經，都是心與物的媒介的根本，所以稱爲六根。（聖嚴法師，1996：108）

五蘊：色、受、想、行、識，又稱為五陰，蘊，聚集也，人身由此五種聚集而形成，也是身心煩惱痛苦的來源、色，指肉體、外在物質世界，受、想、行、識，指內在精神世界，世間一切由五蘊這五個條件因緣和合而生，既是因緣相會而生，自是生滅相續、幻化無常，有如鏡中花、水中月，但人卻執無為有，認假為真，以致身心受苦、無以為樂。六賊既空，只有本體本用，不因外境、外相，而起作用或被支配、宰制，五蘊、六賊之作用，猶如自家之賊，奪取、耗散自身之精氣神三寶，污染自心之清淨當瞭解世間真相、生命本源，受想行識則如鏡見形，無所隱遁，清楚明白，不再興風作浪。

抱玄守一，才能擒六賊空五蘊，形離鏡空，不留殘影，就是運用觀照的內修功夫，猶如道家的內丹修煉法，內丹修煉最重要的是守一，所謂「守一」──守真一，就是集中精神的修煉法門，現在醫學已證明人類在「放鬆、入靜與深呼吸」等過程，確能產生各種奇特能力，道教經典雖隱語較多但總以存思、冥想方法為主，從道家的心齋坐忘到道教的各種守意功夫，建立一套中國式身心醫學與內丹修煉法（李豐楙，1982：228）。有如「雁過寒潭水無影，竹影掃階塵不動」般如如不動，《心經》云：「觀自在菩薩，行深般若波羅蜜多時，照見五蘊皆空」，《太上清靜經》云：「夫人神好清，而心擾之，人心好靜，而欲牽之，常能遣其欲，而心自靜，澄其心，而神自清，自然六欲不生，三毒消滅。」六欲不生，三毒消滅，〔註30〕心神清靜，定慧自生，解脫非難。

六賊空、五蘊明，精氣神充盈飽滿，身心靈安適自在，自然長養活澄，所謂上流通，除了指內修之性靈功夫，亦指修煉命功丹道的氣穴通暢、上下無滯，通達順暢、延壽養生的暗喻，古來丹功之修煉都是以隱語之詞，祕傳不宣，今資訊發達，各項養生氣功或丹道修煉均已公開宣揚，如此出世以性命雙修，入世以儒家人倫戒規律己待人，如此解脫亦易，絕非難事。

擒六賊、空五蘊，精氣神不離不失，解脫非難，不生不滅亦易。母娘經宣揚三教匯通的教義思想、性命雙修的修道觀。以道家丹道煉身養氣，修煉本命之源，了脫生死，以達性命一體，以佛家性理涵養心性，回復本性之明，

---

〔註30〕道教之六欲出自《呂氏春秋》指人耳、目、口、鼻等感官及生、死方面的六種慾望，三毒則以三尸為釋，唐・杜光庭：「三毒者，乃三尸也。彭琚、彭質、彭矯，上尸好華飾，中尸好滋味，下尸好淫慾，人若能斷得其華飾，遠其滋味絕其淫慾，去此三事，謂之三毒消滅。」（蕭登福，20004：24）。

現實世界則以儒家倫理規範、明德至善為依歸，以道為宗以儒為教，性命雙修的方式達成定慧解脫、不生不滅，返本還原。

慈惠堂瑤池金母信仰以宇宙生成、萬物根源、救劫度脫為其神學思想，普度收圓、定慧解脫為核心教義，不求飄渺之來生，亦不完全寄託渺邈的過去，而是透過自我的修煉、入世的奉道守戒，獲得現世中存在的解脫，是衛生心理學，亦是生命哲學，更是民族文化的延續。

對於母娘經的解釋，以宗教式的約化詮釋，也許限於偏狹，歷經時空變遷，或許也有不斷開放朝向無限詮釋的可能（黎志添，2002），但本章探討瑤池金母與契子女、信眾內在的信仰凝聚力，故以較多的宗教語言來涵釋。

## 四、經典的實踐

田調訪談中對母娘經的解讀與詮釋，涵轉為現實生活的實踐與應用，較多的面向朝向度世、濟世、社會公益與遵奉儒家倫常規範。

總歸為三類：

一、入世功德觀——社會公益、文化教育與交流、奉母娘精神典範——儒家四維八德、達成人間瑤池。以松山慈惠堂、中壢慈惠堂、慈德慈惠堂、蘆洲慈惠堂，行德慈惠堂，位於都會區的慈惠堂大抵以宣揚母娘濟世、度世精神、辦理文化活動為主。

二、出世修行觀——講經宣道，開氣功班、講經班。有中和慈惠堂、竹山慈惠堂、慈光慈惠堂、法華山慈惠堂。

三、兩者兼具：中和慈惠堂、法華山慈惠堂、松山慈惠堂。

目前以第一類居多，各地慈惠堂對母娘的信仰，轉化為四個面象的文化行為——濟世、救世、勸世、渡世（陳立斌，2004：28）如：松山慈惠 [註31] 堂郭堂主（民國 97.7.2 訪談）認為：「對母娘要有誠心、有忠誠，不貪不求，修行要自覺、常常自我檢討，將母娘創下的典範遺留在人間，以文化教育公益來宣揚母教（舉辦國際文化交流活動，於 2008.7.4 辦理馬來西亞兒童夏令營），讓全世界認識慈惠堂。廣開母娘濟世之門，以恢弘母教為己任，以自度度人為要務，立堂開教，力求精進，除以宗教要義規範人心，更廣設慈善公益項目，以財物賑濟貧苦，以文化淨修心靈，積極踐行母娘慈悲濟世之精神。」

〔註31〕松山慈惠堂各項文化活動或社團可參閱其網站：http：//www.sstht.org.tw/。

佉美慈惠堂堂主為腦性麻痺者自 20 多歲即拜母修行，後來自己開堂，位於梧棲小鎮，自開堂起每年普施 700 多桌次，她說：「母娘叫我不要怕，勇敢走下去，雖然肉體真艱苦，一定可以到祂那裡去，祂叫我做什麼，我就會做什麼。」目前扮演小鎮的信仰中心，民眾有疑難雜症或生活困疑，都會找她處理。

中和慈惠堂為中和地區著名堂宇，目前以扶鸞出版雜誌，及收驚服務聞名地區，並開辦講經課程，年初點光明燈、安太歲即 5、6 千人，朝向道場的願景發展。林堂主及鸞務組蔡組長於訪談時（民國 97.7.10）表示：「希望將母娘的慈悲精神，普化世間，我們都是種子，一齊幫母娘完成普渡收圓的任務，目前除了持續扶鸞出雜誌，未來透過講經宣道，吸引多一點知識份子、年輕人來拜母修道。」

法華山堂主說（民國 97.7.1）：「拜母的人要守四維八德，絕對不可作奸犯科，母娘的心無偏無私，不要分派分教，大家要團結一心，不要只想自己坐大，要認真修行，子正母就靈。」慈惠堂信仰中，早期如要修習法術，一定會前往位於花蓮的法華山慈惠堂請益，目前老一輩的慈惠人都知曉法華山慈惠堂的名號。

# 第三節　信仰特色

## 一、台灣本土原生的信仰

據歷史文獻，漢人已有祭祀西王母的記載，至漢哀帝又度盛行（李豐楙，1987；丁孝明，2008：235～269），成為民間化全國性的信仰。在六朝時，兼具有民間祠廟與上清經派的道教信仰，完成西王母信仰的獨特地位（李豐楙，1987）。

這是母娘信仰第一次普遍化、通俗化，直到明清再度盛行無生老母信仰，都是中國大陸地區的傳演流佈，直到民國 38 年（1949），在台灣花蓮以療癒感應事蹟又再一次顯化，此次之開宗設教，並非由大陸中國相傳延續宗門而來，而是直接在台灣本土顯揚立教，經歷 60 年，形成台灣重要信仰之一支派，有別於民間的多神性信仰，亦異於佛教各宗各門，更非由大陸傳續香火來台發揚。

以唯一的瑤池金母為信仰核心，融匯了民間的信仰文化與宗教意識，於民國 56 年（1967）歸入道教之列，但在信仰的組織與結構，卻是各自獨立、自由發展，呈現異中有同、同中有異，視花蓮發源地為聖地，是信仰的精神中心，這幾年有法華山慈惠堂、松山慈惠堂回大陸宣揚、蓋廟，而松山慈惠堂積極性的宣教、辦理各項文化交流活動，成為台灣慈惠堂瑤池金母信仰具有代表性的象徵地位。

## 二、以瑤池金母為信仰中心，實踐化劫救世的教義，完成普渡收圓

《瑤命皈盤》記載母娘普度三曹、《普度收圓定慧解脫真經》宣揚普度收圓定慧解脫的信仰教義與修行宗旨，以性命雙修為核心思想，務求個人生命與道的一體化，體道合真，返本還原，以儒家倫理道德為入世、應世準則，實踐化劫救世的教義與神學思想，並呈現「母親」原型的包容性、創生性，不分別性，各地慈惠堂可以各自獨立、自由發展，異中之同的是尊奉瑤池金母為至高無上的女神。

## 三、多元融合的信仰活動

慈惠堂吸收道教的科儀，接納佛教的經典，構成各項祈福消災法會的儀式與誦經內容，更由煆身訓練通感的靈媒，成為民間通靈問事的乩手，多元融合的信仰活動，滿足、解決社會各階層於日常生活中對信仰的需求，自主自律、多元接納是信仰活動的特色。

## 四、煆身——顛覆傳統、創新信仰

有關煆身，於第三章第二節信仰活動的演化中有所論述，歐大年「靈媒大眾化」一說，可謂貼切又傳神，藉由通感母娘的密契經驗，人人皆可成為神意的接受者與傳達者，顛覆以往靈媒天命天定的神派說，創新信仰的價值觀，在母娘面前人人平等，不分貴賤，都是母娘的契子女，正因為如此溫暖親切、平等無差，煆身風氣盛行一時，是瑤池金母信仰在台灣快速拓展的原因之一。在生動的密契體驗中個人與母娘直接溝通，堂的組織與運作並非必然項目，以此傳播宗教，正是慈惠堂瑤池金母信仰的特色。

中和慈惠堂楊道長則認為：「煆身是要讓世人破解對身體的執著與掛礙，透過煆身的體驗，解除、放下被五陰束縛的肉體，無肉體意識、觸震到無拘無束、無我無人，時空俱無，一種解脫自在與母娘交融的密契經驗，進而印證感應大道的無量無邊，引人修行，正是母教獨特的法門」。根據筆者多年的親身經驗，諸多煆身的動作如旋轉、跳舞走步或醉步打拳，皆異於平時，有時更是大動作的旋轉，此時若非凝聚對母娘的信仰信力，勢必產生遲疑與恐懼，無法進行。

早期有很多信徒是因煆身而虔信母娘，這樣的神秘感受令人神炫解憂甚或袪病強身，有心即可得，人人可修煉，無所分別，這也是母娘普渡收圓的教義與精神，時遷法遷，煆身曾經是慈惠堂瑤池金母的信仰特色之一，目前卻只有在回聖地慈惠堂堂進香時，才會見到各堂有所表現。

## 五、青衣——象徵與傳播

Bowie 曾說過「人類本來就是生存在象徵世界之中」，穿上宗教慣習的衣裳後，個人將被象徵為對神的貢獻，同時象徵是文化結構的一部份，通常不只有一個意義，它是賦予多種且複雜性的意義（Bowie，2000：40），青衣除了具有依皈的外在象徵意義，更是內在信仰認同與群體識別，更是宗教信仰傳播的先驅。

完成傳播的過程為：訊息來源→製成符碼（encoding）→訊號（signal）→符碼還原（decoding）→目的地（徐佳士，1987：15），慈惠堂瑤池金母信仰的擴展，於民國 38 年發源後，即運用了這個傳播方式：訊息來源／個人（密契經驗）→製成符碼／煆身、青衣（非口語式的）→訊號／口口相傳（療癒感應事蹟）→符碼還原／母娘、無極瑤池金母大天尊→目的地／他者／共感的密契經驗，尤其青衣更是首創台灣宗教制服的先例，也在無形中成為信仰傳播的重要符碼標誌。

## 小　結

本章探討慈惠堂瑤池金母信仰的神學思想、教義經典意涵及其信仰特色，對於經典的信奉與詮釋，雖有文化背景上的共同性及差異性，卻是信仰的核心宗旨，維繫信眾對瑤池金母信仰的忠誠與永續傳揚。長期以來慈惠堂

瑤池金母信仰被質疑有教無宗，亦或有宗無教，〔註32〕是一支民間教派，實則宗門法流、教義經典早已具備，只待確實履行教義精神，發揚瑤池金母信仰真諦，開枝散葉，成為發源於台灣本土的宗教典範。而其信仰特色，更是獨樹一格，讓研究學者以新興宗教稱謂之，（董芳苑，1983；瞿海源，1989）綜合各學者及筆者之研究，慈惠堂瑤池金母信仰，發源至今已歷 60 年，有宗有教，就是台灣本土原生的宗教。

〔註32〕不知情者，無法認知經典意涵，認為沒有教義宗旨，故說有教無宗，知情者認為慈惠堂組織不夠嚴謹，沒有宗教的領御中心，猶如散漫成軍，故說有宗無教。

# 第五章 結 論

## 一、虛空降靈、直接普化

　　宗教信仰是人類歷史文化中不可或缺的一部份，從原始宗教的自然神秘力量崇拜，到人格神、聖靈降世、救世主創立各種宗教，信仰提供人們一套對宇宙、無限生命完整的解釋與人生的現實利益。

　　從宗教的社會觀點來看，台灣慈惠堂瑤池金母信仰自民國 38 年（1949）緣起於花蓮，由鄉野庶民的一場密契經驗揭開序幕，發展至今 60 年，於時間背景上而言：民國 34 年（1945）台灣光復，民國 36 年（1947）228 事件發生，民國 38（1949）國民政府轉進台灣，時局動盪不安、人心無所依託，物資嚴重不足，東部醫療資源更是匱乏，瑤池金母以療癒治病、解決生活困厄的顯化方式降臨東台灣，除了滿足個人身心利益更安頓家庭的生存。

　　就空間地理因素來說，民國 34 年（1945）至 38 年（1949）國民政府從大陸帶來新移民，連帶鼓勵台灣人移入東部地區開墾，短時間內大量移民進入台東、花蓮，且當時花蓮叫後山，亦代表交通的不便，在政治、經濟、交通極度不利的時空背景下，瑤池金母信仰成為穩定社會人心、支持政府建設發展的無形力量，亦成為堅固護佑人民的最高女神，「母娘」，「母娘」一聲聲的呼喊中，為不穩定的年代與生命注入一股安全、信賴與新生的力量。

　　宗教興起大都在時代變換或民生困頓生命無助之際，台灣慈惠堂瑤池金母信仰的緣起亦在如此的因緣際會下開展，這是宗教發展共通性的歷史軌跡，雖然源起的時空因素難脫一般化，但卻以虛空降靈、直接普化的方式從台灣本土發源，且只經過 60 年，即成為獨立一門的宗教，相異於佛教或基督

教以「人」為創教教主的方式，歷經百年千年的發展才形成宗教的信仰，這樣的信仰發展充滿傳奇與研究特質，也是研究者深究的主題之一。

從興起時的風起雲湧，形塑普世的瑤池金母——靈母之源的信仰文化，至今熱潮漸褪，雖然面臨轉型與再創，但慈惠堂瑤池金母走過一甲子的歲月，在台灣宗教信仰文化中搶占了一席之位，首創煆身的信仰活動，密契經驗充滿靈驗性、悸動性，經過口口相傳，成為快速拓堂的利基，賜穿青衣成為信仰的標記與象徵，更帶動信仰的迅速傳播，各地分堂如雨後春筍般紛紛成立，間接撼動政府、引起重視，至民國56年（1967）收編為道教，成為道教瑤池派、丹鼎派，這是官方與社會賦予瑤池金母信仰名相上的歸屬與定位。

不論歸列何宗何教，契子女堂生、信眾仍是認取母娘為信仰中心，是護佑身心獨一無二的女神，也是九六原靈化生的起源。從14間慈惠堂訪談中統計，男性堂主10人，女性堂主4人，但接觸觀察中得知：信眾、堂生、契子女以女性居多，當初瑤池金母傳下煆身法是以療癒平日操勞至極的女性為出發點，故而在煆身的密契經驗上女性的感召力是強於男性，但堂主以總合處理堂務為主，故傾向為男性擔任，目前大都是第二任或第二代堂主。

從訪談及文獻資料中得知：當初各堂開堂的動機與起源幾乎是與母娘的密契經驗感應而設立，這與目前四大佛教團體（慈濟、法鼓山、佛光山、中台禪寺）以宗門領導人個人精神魅力或宗教組織拓展信仰勢力是相異的，母娘無形無象完全依個人感應而成相，而且心心相印，不因掌門人的生滅而影響信仰的信心。

不具嚴謹的宗教系統與管理組織，各堂分立、各自管理，母娘是唯一共通共感的信仰原點，慈惠堂堂規八則是彼此遵守的規範，總堂完全是無為而治，這樣的信仰中心與信仰組織是台灣宗教發展中獨樹一格的現象，也是讓研究者充滿探討興趣與深具研價值的。

## 二、靈驗悸動的新興宗教

從時間的緣起、充滿靈驗性、悸動性及快速由區域性宗教團體拓展為全國性宗教網絡，以上這些現象，讓慈惠堂瑤池金母信仰被學者列為戰後台灣民間的新興教派，並引起強烈研究動機。

過去的靈驗依舊存在，但時遷法遷，目前台灣的宗教團體豐富且多元，個人選擇性增多，21世紀信仰的走向以安頓個人精神領域的徬徨無依、苦悶不安

為主，肉體的疾厄可由豐沛的醫學資源得到解決，社會上新興的療癒課程是身、心、靈三合一的舒放，宗教信仰關注的必須是「心」與「新」的面向，慈惠堂瑤池金母信仰過去一甲子定位於治療身體疾厄、解決生活困苦為主，並未宣揚信仰的神學思想或經典的真實涵義，從人類精神層面的根本問題上著力。

　　未來必需以宣經講道典為主，並以性命雙修的方式，實踐瑤池金母信仰的真實意涵，才能奠立道脈的永續傳揚，並以更大的願力協助世人度劫化厄，共同離卻世間苦難，建構 21 年紀世界大同、人間仙境的解脫自在大樂之境。

　　因為母娘、老母娘的相似稱謂，慈惠堂與一貫道經常被社會混淆，當一貫道在民國 42（1953）年 2 月 10 日被查禁，民國 52 年（1963）被解散，消隱為暗中發展，至民國 76 年（1987）1 月獲得正式承認。在這 20 餘年間（1963～1987），慈惠堂因為道教的保護傘（1967 年起正式成為道教一支）、經濟的起飛，蓬勃興盛，至民國 75 年（1986）時全國有 400 間以上的分堂。正是天時、地利、人和因緣具足，如果以道脈的延續與傳揚角度而言，慈惠堂瑤池金母信仰扮演了社會化顯性的宗教名號，繼續傳道，延續中華民族文化道脈。

　　反觀此段時期，中國大陸正當如火如荼進行文化大革命（1966～1976），諸多文化古蹟、歷史文物、宗廟神像遭到嚴重的破壞與移除。宗教信仰、儒家教化是舊思想、舊文化，更是慘遭批判與鬥爭，形成今日大陸的宗教職業化，信仰根本是蕩然無存。母娘另擇台灣降靈顯化，這時空背景的契機、深隱的上天恩澤，實是台灣之福。

　　慈惠堂瑤池金母信仰核心教義的「劫」意識、救渡觀，除了承繼明清以來民間宗教三期末劫的救劫渡化思想，更是道教「劫」論的現代版與平民普世化宗教（李豐楙，1997），母娘度劫、化劫、普度收圓的神學教義，可說是新道教的展現，道教原本就是漢人的民族宗教，維繫民心與族群，而慈惠堂瑤池金母信仰從創教神話、母娘顯化、神學思想、核心教義，綜觀而論都是道教自明清以來在台灣本土的再次勃發，只是這次透過虛空直授、神靈直降的方式，以「瑤池金母」的名號應劫顯化，人人可得、個個得救，普度收圓。並非像媽祖般由人格、事蹟成神或由人創教，以靈母的意識顯化感召，渡世、濟世、救世、化世，這更是值得研究的現象。

　　這樣的宗教緣起與發展有異於今天台灣各宗教在台灣的開枝拓葉，都是由大陸移植信仰或創教主而來，慈惠堂直接在台灣發源、發展、開宗立教。在政府開放宗教自由，容許多元信仰之下，目前另以「中華無極瑤池西王金

母教會」的名稱，申請成爲全國性宗教團體，欲從道教會獨立而出。這樣的現象符合台灣慈惠堂瑤池金母信仰時代性的發展，「母教會」讓母娘的信仰獲得正名、回歸原生之「⊕」的信念更清晰更具體，亦更落實瑤池金母信仰的眞諦。

## 三、包容多元、吸納融合的台灣信仰文化

求新求變、多元融合是台灣文化的特色，宗教信仰亦呈現這樣的精神，島國子民與海相搏，媽祖是海上的女神，晉升爲海陸保護隊的隊長，而瑤池金母則是領御的總帥，負責全面性的救渡，因此展現三教合一，容納、結合地區性的民間信仰，成爲多元融通的瑤池金母信仰文化。<u>從原始素樸的瑤池金母一神信仰，發展至今，媽祖、太子爺、觀音菩薩、玄天上帝、釋迦佛祖等，多神共存崇祀，誦經禮懺、安太歲、點光明燈、制解、超拔法會、社會公益、宗教文化交流、宣經講課，均不具排他性，以母親的原型，包容、接納一切，多面向、通俗化滿足信徒信仰的身心需求，有異於其他宗教一神信仰或排他性極強的現象。</u>

訪談中松山慈惠堂郭堂主強調的是母娘慈悲大愛的精神，希望透過宗教文化活動，讓大家認識母娘的精神典範，不分彼此，建立人間樂土，行功立德是她認取對母娘信仰的實踐與修行。但扶鸞20餘年的中和慈惠堂鸞務組蔡組長，卻以性命雙修、定慧解脫內修的方式爲實踐母娘信仰的堅實信力，並大力推動宣講母娘經爲信仰與修行的主題課程，希望藉此宣揚瑤池金母信仰並以建立實修道場爲目標。研究中發現：<u>北臺灣的慈惠堂目前出現停頓或積極尋求突破信仰發展的兩種現象，而中台灣則以「台灣瑤池道脈聖教會」的組織運作信仰活動，定期聚會、開班授課，凝聚慈惠堂瑤池金母信仰的發展。而南台灣呈現較消極的面向，停留在消災解厄供人敬拜，但很早就結合當地民間信仰的神明，王爺、媽祖或觀音菩薩，這種濃厚的包容性、多元性、求新求變的信仰現象正是台灣文化的特色，</u>信仰不離文化發展脈絡才能生生不息，這樣的不謀而合也象徵瑤池金母信仰在台灣的永續傳揚。

## 四、定慧解脫、返本還原——21世紀宗教文化的新視野

有形的母親生育肉體，無形的母娘是靈性的母親，由「⊕」化生一切原靈，「瑤池金母普度收圓定慧解脫眞經」揭示解脫的實踐方式，固本培源，去

六賊、修定慧，尋求不生不滅、返本還原之道，以解脫為目標，是高等宗教的一種特質（木村泰賢，1958：34），雖然各箇宗教在解脫的表象課程上有所差異，但也有核心的共通性。「瑤池」是母娘的聖居，契子女要回歸的原鄉，猶如佛教的西方極樂世界，都是建構神仙世界、永世不朽、解脫輪迴的精神去向與道路。瑤池金母是不分別的原母，普天之下大家都是母娘的子女，身著青衣的契子女猶如六朝時的種民，除了肩負著修真救渡的任務，更是協助金母完成普度收圓的助手。

　　「定慧解脫、返本還原」是瑤池金母的根本核心教義，也是 21 世紀新道教的新目標，瑤池金母早就提出跨世紀的信仰與修行課程，這樣的宗旨正是全人類邁向合諧祥和、消弭禍亂劫難的實踐方式，也是未來宗教國際性的對話主題與交流方向，慈惠堂瑤池金母化劫濟渡、普度收圓的普世救渡精神，將是被寫入宗教史的新宗教。

## 五、挑戰與考驗

　　民國 96 年 10 月 1 日由松山慈惠堂召開了「再造瑤池金母信仰座談會」，與會者有來自全國慈惠堂 600 多位堂主或重要幹部，更有政府官員、道教總會張理事長、學者教授多人參與，會中郭堂主致詞表示：「母娘聖業需要全省慈惠堂每一份子共同來推動，任何教派與慈惠堂都是好互動。——此次座談會促成的原因是眼見很多友堂漸漸流失、沒落及離道，希望藉由此次座談會來團結大家的力量，共同發現問題，提出解決方案，健全慈惠堂進一步發展、改善與提升。」李豐楙教授提出：「成立研究中心，培養人才，媒體、公關宣導，吸引青少年加入，讓宗教現代化、年輕化」的建言，他亦認為：「危機就是轉機，如何異中求同是重要課題。」這樣的說法也有相當多的堂主有相同的見解，另外重視教育訓練、經典宣講、宏揚母教、統合儀禮、捐棄個人成見，都是當日的重點，最後由李豐楙教授做總結，宣達 4 點建議：成立各小組，1.教育小組 2.籌備小組 3.禮儀小組 4.公關小組，來落實執行座談會結果。〔註1〕

　　一場座談會點出台灣慈惠堂瑤池金母信仰未來推動與努力的方向，「母娘慈悲」，再造瑤池金母信仰的實施成效與慈惠堂的轉型與新生，將是契子女的挑戰與考驗，也是研究者的新題材。

---

〔註 1〕　資料取之「再造瑤池金母信仰座談會」會議紀錄。

# 參考書目

## 一、史料、原始資料

1. 《六組法寶壇經》，1981，台北：菩提印經會重輯。

2. 《法華經》，1984，台北市：菩提長青社印行。

3. 《金剛經》，2008，最新修定版，台南市：和裕出版社。

4. 《道德經名註選集》，1978，台北市：中國子學名著集成編印基金會印行。

5. 《道藏精華第十一集之四──三十六部真經》，1992，台北：自由出版社。

6. 《瑤池金母普度收圓定慧解脫真經》，年代不詳，中和慈惠堂印行。

7. 《瑤池金母普度收圓定慧解脫真經》，年化不詳，聖地慈惠堂印行。

8. 《瑤池金母普救坤道血盆真經》，年代不詳，法華山慈惠堂印行。

9. 弓長，1999，《古佛天真考證龍華寶經·古佛乾坤品第二》，收錄於王見川、林萬傳主編，《明清民間宗教經卷　文獻：五冊》，台北市：新文豐。

10. 台北縣道教會，2002，《太上老君說常清靜經導讀》，台北：三清道學出版社。

11. 台灣省議會洪性榮研究小組全國寺廟整編委員會編輯，1986，《全國佛刹道觀總覽──瑤池金母專輯（一）、（二）、（三）》，台北市：樺林出版社。

12. 杜爾瞻，1950，《無極瑤池老母十六金丹·首部詔曰》，台北：餘慶堂。

13. 花蓮聖地慈惠堂總堂，2005，《花蓮聖地慈惠堂　總堂簡介》。

14. 花蓮縣政府，1979，《花蓮縣志》，花蓮市：花縣府。

15. 姜憲燈，1979，《慈惠堂史──瑤池金母發祥30週年紀念冊》，花蓮：慈惠堂編印。

16. 姜憲燈，1982，《瑤池金母顯化感應篇》，花蓮：慈惠堂編印。

17. 財團法人中壢慈惠堂，1986，《弘道寶錄》，台北市：母懿堂有限公司。

18. 黃德輝，1999，《皇極金丹九蓮正信皈眞還鄉寶卷‧古佛開宗品第一》〔明刊本〕，收錄於王見川、林萬傳主編，《明清民間宗教經卷文獻：五冊》，台北市：新文豐。

19. 楊定一編輯，1934，《蟠桃宴記》，台南市：台灣法輪書局重刊印，年代不詳。

20. 慧金散人函盧子錄，1880，《玉露金盤》，三重市玄峯慈惠堂重刊印，年代不詳。

21. 羅臥雲，1967，《瑤命歸盤》，花蓮：法華山。

## 二、期刊、論文

1. 丁仁傑，2004，〈會靈山現象的社會學考察：去地域化情境中民間信仰的轉化與再聯結〉，《宗教教義、實踐與文化：一個跨學科的整合研究學術研討會論文集》，台北：中央研究院民族學研究所。

2. 王天麟，1997，〈桃園縣楊梅鎮顯瑞壇拔渡齋儀中的目連戲──「打血盆」〉，《民俗曲藝》，82 期。

3. 王見川，1993.11，〈台灣齋教研究之四：先天道的源流──兼論其與一貫道的關係〉，東方宗教討論會月會宣讀論文。

4. 余安邦，2003，〈宗教療癒與行動倫理：以北縣 SH 慈惠堂的靈媒系統爲例〉，《第一屆台灣本土心理治療學術研討會論文集》，花蓮：國立東華大學。

5. 宋光宇，1981，〈試論無生老母宗教信仰的一些特質〉，《中央研究院歷史語言研究所集刊》，52 本 3 分，台北市：中央研究院。

6. 宋光宇，1993，〈叛逆與勳爵：先天道在清朝與日據時代台灣不同的際遇〉，《歷史月刊》，74 期（1993.3）。

7. 李亦園，1982，〈台灣民俗信仰發展的趨勢〉，《民間信仰與社會研討會》。

8. 李亦園，1985，〈文化建設的若干檢討〉，中國論壇編輯委員會主編，《台灣地區社會變遷與文化變遷》，台北：聯經。

9. 李豐楙，1982，〈不死的探求──道教信仰的介紹與分析〉，收錄於劉岱主編，《中國文化新論　宗教禮俗篇　敬天與親人》，台北：聯經。

10. 李豐楙，1987，〈西王母五女傳說形成及其演變──西王母研究之一〉，《東方宗教研究》，1 期，後收入 1996，《誤入與謫降：六朝隋唐道教文學論集》，臺北市：臺灣學生書局。

11. 李豐楙，1996，〈六朝道教的度救觀：眞君、種民與度世〉，《東方宗教研究》第五期。

12. 李豐楙，1997，〈道教劫論與當代度劫之說──一個跨越世紀末到二十一世紀的宗教觀察〉，收入《性別、神格與台灣宗教論述論文集》，李豐楙、

朱容貴主編，台北市：中央研究院中國文哲研究所。

13. 李豐楙，1999a，〈六朝道教的末世救劫觀〉，《末世與希望》，沈清松主編，台北：五南出版社。李豐楙，1999b，〈救劫與度劫——道教與明末民間宗教的末世性格〉，《道教與民間宗教論集》，黎志添主編，香港：學峰文化事業公司。

14. 李豐楙，2000a，〈順與逆：丹道修練的身心觀〉，氣的文化研究：文化、氣與傳統 醫學學術研討會，龍潭：中科院。

15. 李豐楙，2000b，〈道教與台灣家庭的關係〉，《家庭與宗教研討會論文集》，寰宇國際文化基金會彙編，台北：言鼎文化。

16. 李豐楙，2002，〈多面王母、王公與昆侖、方諸聖境：從古神話到六朝上清經派空間神話的考察〉，《空間地域與文化——中國文化空間的書寫與闡釋》，台北市：中央研究院中國文哲研究所。

17. 呂一中，2001，〈會靈山運動興起及其對民間宗教之影響〉，《台灣宗教協會通訊》第七期。

18. 林永根，1986，〈漫談台灣光復後的新興民間信仰與宗教〉，《台灣文獻》37 卷第 1 期。

19. 林萬傳，1984，〈宗教檔案論述——先天道源流考〉，氏著《先天道研究》，台南：靝巨書局。

20. 武金政，2003，〈啟示與醒悟的奧秘之道〉，《輔仁宗教研究》第七期，台北：輔仁大學宗教學系。

21. 姜生，2002，〈道教的興起及其對漢魏社會之影響〉，《台灣宗教研究》，第 2 卷第 1 期。

22. 張之傑，1998，〈晚清寶卷《玉露金盤》刊刻微探〉，《國家圖書館館刊》，87：1。

23. 施美枝，2007，〈從《皇極經世書》談為什麼要在地球上復興先天天帝教〉，第六屆天帝教天人實學研討會。

24. 莊吉發，1995，〈閏八月——民間祕密宗教的末劫預言〉，《歷史月刊》，92 期。

25. 陳龍廷，2003，〈台灣布袋戲研究的方法論〉，《民俗曲藝》，第 142 期。

26. 陳藝勻，2002，〈為政者塑造的乩童形象〉，《「巫者的面貌」學術研討會論文集》，台北：中央研究院歷史語言研究所。

27. 楊琇惠，2002，〈太平經神仙思想探微〉，《成大宗教與文化學報》第 2 期，2002.2。

28. 楊惠南，1980，〈論前後期佛教對解脫境的看法〉，《文史哲學報》，29 期（1980.12），台北市：國立台灣大學文學院出版。

29. 黎志添，2002，〈宗教經典與哲學詮釋學：中西宗教文化的比較觀點〉，

黃俊傑主編《中國經典詮釋傳統通論篇（一)》，臺北市：喜瑪拉雅基金會發行，臺灣學生書局經銷。

30. 鄭志明，1984，〈台灣瑤池金母信仰研究〉，《台灣民間宗教論集》台北：學生書局。

31. 鄭青萍，1994，〈台灣的西王母崇拜——花蓮「慈惠堂」的宗教現象〉，董芳苑編《信仰與習俗》，台南：人光。

32. 謝宜蓉，1997，〈一明清秘密宗教源流初探——彌勒佛與無生老母〉，《道教學探索》10 號。

33. 鍾雲鶯，1999，〈台灣扶鸞詩初探——一種民間創作的考察〉，《台北文獻》，128 期。

34. 瞿海源，1989，〈解析新興宗教現象〉，徐正光編，《台灣新興社會運動》，台北：巨流。

35. 簡東源，2006，〈青黃本一家，何來分金王——探討花蓮西王母信仰〉，花蓮教育大學民間文學研究所編，《2006 民俗暨民間文學學術研討會論文集》，台北市：文津出版社。

## 三、學位論文

1. 朱慧雅，2004，《松山慈惠堂的靈驗經驗之研究》，輔仁大學宗教學研究所碩士論文。

2. 胡潔芳，2000，《慈惠堂的發展與信仰內涵之轉變》，輔仁大學宗教學研究所碩士論文。

3. 翁雪華，2000，《永生的鑰匙——中國不死藥故事之探究》，清華大學中國文學系研究所碩士論文。

4. 許文筆，1999，《台灣濟公信仰之救世觀》，玄奘人文社會學院宗教學研究所碩士論文。

5. 許雅婷，2000，《母娘與祂的兒女——慈惠石壁部堂宗教人的經驗世界》，國立東華大學族群關係與文化研究所碩士論文。

6. 陳立斌，2004，《台灣慈惠堂的鸞書研究》，輔仁大學宗教學研究所碩士論文。

7. 彭邦榮，2000，《牽亡：悼念世界的安置與撫慰》，國立東華大學族群關係與文化研究所碩士論文。

8. 黃才容，2001，《西王母神話仙話演變之研究》，台灣大學中國文學研究所碩士論文。

9. 蔣美枝，2004，《岡山慈惠堂信仰之研究》，台南大學台灣文化研究所碩士論文。

10. 蔡志華，2002，《彌陀慈惠堂乩示活動之研究》，台南大學台灣文化研究

所碩士論文。

11. 賴宛敏，2001，《鏡花園》，中百花仙子謫仙歷程之結構析論，輔仁大學宗教學研究所碩士論文。

12. 魏光霞，1994，《西王母信仰研究》，淡江大學中國文學系研究所碩士論文。

## 四、專書

1. 木村泰賢，1958 初版，1986 八版，《人生的解脫與佛教思想》，台北市：協志工業叢書。

2. 王志宇，1997，《台灣的恩主公信仰——儒宗神教與飛鸞勸化》，台北：文津。

3. 王見川&李世偉，2000，《台灣的宗教與民間信仰》，台北：博揚。

4. 王見川，1994，《台灣齋教的歷史觀察與展望——首屆台灣齋教學術研討會論文集》，台北：新文豐。

5. 王見川，1996，《台灣的齋教與鸞堂》，台北：南天。

6. 王見川&蔣竹山編，1996，《明清以來民間宗教的探索》，台北：商鼎。

7. 宋光宇，1983，《天道鉤沉：一貫道調查報告》，臺北市：元祐。

8. 宋光宇，1995，《宗教與社會》，台北：東大出版社。

9. 宋光宇，2002，《宋光宇宗教文化論文集》，宜蘭：佛光人文社會學院。

10. 李亦園，1978，《信仰與文化》，台北：巨流出版社。

11. 李進益&簡東源編，2005，《花蓮民間文學集》（二），花蓮：花蓮縣文化局。

12. 李豐楙，1986，〈漢武內傳研究〉，收入《六朝隋唐仙道類小說研究》，台北：學生書局。

13. 李豐楙，2003，〈收驚：一個從「異常」返「常」的法術醫療現象〉，收錄於黎志添主編，《道教研究與中國宗教文化》，香港：中華。

14. 任繼愈，1991，《中國道教史》，台北市：桂冠圖書。

15. 杜普瑞（Louis Dupre），2006，《人的宗教向度——*The Other Dimension：A Search for the Meaning of Religious Attitudes*》，傅佩榮譯，台北：立緒。

16. 林文龍，1987，〈清代台灣鸞務史略〉，收錄氏著，《台灣史蹟叢論——上冊》，台中：國彰。

17. 林美容，1993，《台灣人的社會與信仰》，台北市：自立晚報。

18. 林美容&周益民王見川撰述，1997，《高雄縣教派宗教》，高雄縣：高雄縣政府。

19. 林萬傳，1984，《先天道研究》，台南：靝巨書局。

20. 長尾剛著、蕭雲菁譯，2007，《圖解榮格心理學》，台北市：城邦文化事業股份有限公司。

21. 徐佳士，1987，《大眾傳播理論》，台北市：正中書局。

22. 馬西沙&韓秉方，2004，《中國民間宗教史》，北京：中國社會科學出版社。

23. 涂爾幹（Emile, Durkheim.），1992，《*The Elementary Forms Of The Religious Life*——宗教生活的基本形式》，芮傳明&趙學元譯，台北：桂冠。

24. 國立台中技術學院應用中文系&苗栗後龍無極聖宮合編，2008，《海峽兩岸東王公西王母信仰學術研討會論文集》，台中：國立台中技術學院應用中文系。

25. 張家麟，2005，《當代台灣宗教發展》，台北市：文景出版社。

26. 張珣&江燦騰，2003，《台灣本土宗教研究的新視野和新思維》，台北：南天。

27. 淺井記，1996，〈羅教的傳承與變容——無極正派〉，《明清以來民間宗教的探索》，王見川&蔣竹山編，台北：商鼎。

28. 許地山，1941、1986，5 版，《扶乩迷信底研究》，台北市：台灣商務印書局。

29. 陳南要，1974，《儒宗神教考證》，台中：鸞友雜誌社。

30. 喻青松，1994，《民間秘密宗教經卷研究》，臺北：聯經。

31. 焦大衛（David K. Jordan）&歐大年（Daniel L. Overmyer），2005〔1965〕，《*The Flying Phoenix/Aspects Of Sectarianism in Taiwan*——飛鸞中國民間教派面面觀》，周育民譯，香港：中文書局出版社。

32. 聖嚴法師，1996，《正信的佛教》，台北市：法鼓山文化事業股份有限公司。

33. 董芳苑，1983，《台灣民間宗教信仰》，台北：長春。

34. 詹姆斯（William James），1970，《宗教經驗之種種》，唐鉞譯，台北：萬年青。

35. 道緣，2001，《民間道教助人篇》，新竹：日光佛堂。

36. 雷德爾（M. Rader），1984，《宗教哲學初探》，傅佩榮譯，台北市：黎明書局。

37. 廖靜寬編輯&林國雄校閱，1986，《道教選論》，南投：竹山慈惠堂。

38. 廖靜寬編輯&林國雄校閱，1987，《西王金母聖略之研究》，南投：竹山慈惠堂。

39. 廖靜寬編輯&林國雄校閱，1989，《西王金母與漢武帝之研究》，南投：竹山慈惠堂。

40. 廖靜寬編輯&林國雄校閱，1990，《西王金母正信之發展》，南投：竹山慈惠堂。

41. 廖靜寬編輯&林國雄校閱，1992，《西王金母信仰與天山瑤池聖地之研究》，南投：竹山慈惠堂。

42. 鄭志明，1997，《神明的由來》，嘉義：南華管理學院。

43. 鄭志明，1998a，《台灣新興宗教現象──扶乩鸞書篇》，嘉義：南華管理學院。

44. 鄭志明，1998b，《台灣新興宗教現象──傳統信仰篇》，嘉義：南華管理學院。

45. 鄭志明，2001，《台灣神明的由來》，台北：中華大道文化。

46. 鄭振鐸，1965，《中國俗文學史》，台北市：臺灣商務，（1992 印刷）。

47. 黎志添主編，1999，《道教與民間宗教研究論集》，香港：學峰文化事業。

48. 澤田瑞穗，1986，〈寶卷的研究〉，《中國の庶民文藝：歌謠·說唱·演劇》，東京都：東方書店。

49. 蕭登福，2002，《道教與民俗》，台北：文津出版社。

50. 蕭登福，2004，《清靜經今註今譯》，高雄：南光堂印刷有限公司。

## 五、英文著作

1. Fiiona, Bowie. 2000 *The Anthropology of Religion: An Introduction, Oxord, Malden, Mass: Blackwell Publishers.*

2. Hsu, Francis L.K. 1948 *Under the Ancestors' Sshadow: Chinese Culture and Personality, New York: Columbia University Press.*

3. Chao, Wei-Pang. 1942 "The origin and growth of the fu-chi.", *Folklore Studies* 1: 9～27.

4. Max, Kaltenmark. 1979 "The ideology of the T' ai-p'ing ching." In David K. Jordan & Marc J. Swartz (ed.) *Personality and the Cultural Construction of Society: paper in honor of Melford E. Spior.* In preparation.

# 田調資料

| 堂　　名 | 松山慈惠堂（台北市） | | | |
|---|---|---|---|---|
| 訪問日期 | 97.7.2 | | | |
| 堂主 | 郭葉子 | | | |
| 開堂日期 | 59.～ | | | |
| 佔地大小 | 約 3000 坪 | | | |
| 開堂緣由 | 民 57 年開始常覺身體不適，那年春天，和朋友一起去中部一家道廟進香，途經苗栗山區，大雨滂沱而下，郭堂主朦朧之中，彷彿一股無形力量令其大聲說：「前面木橋將被大水沖斷」，司機一聽快速通過，當車子一過，木橋果真轟然一聲被水沖斷，於此感應到神蹟，回來後，每到黃昏即有神靈降身，慢慢幫人消災治病，靈驗異常，於此機緣皈依瑤池金母門下，58 年在自家設堂，59 年正式於總堂迎請令旗，開立松山慈惠堂。（傳記、訪談） | | | |
| | 1.密契經驗 | 2.神蹟顯化 | 3.療癒治病 | 4.解困釋疑 |
| | ○ | ○ | × | × |
| 信仰活動 | 活動項目 | | 有○　無× | 備註 |
| | 1.安太歲 | | ○ | |
| | 2.光明燈 | | ○ | |
| | 3.制解 | | ○ | |
| | 4.收驚 | 米卦 | × | |
| | | 線香淨化 | ○ | |
| | 5.祈安禮斗法會（俗稱　拜斗） | | ○ | |
| | 6.超拔、普渡法會 | | ○ | |
| | 7.初一、十五及仙聖壽誕誦經 | | ○ | |

| | | | |
|---|---|---|---|
| | 8.早晚課誦經 | ○ | |
| | 9.總堂進香（農曆 2 月 18 日前後） | ○ | |
| | 10.乩手問事 | ○ | |
| | 11.扶鸞　早期 | ○ | |
| | 　　　　　目前 | × | |
| | 12.講經　宣道 | ○ | |
| | 13.抽籤 | ○ | |
| | 14.煆身 | × | |
| | 15.蟠桃聖會 | ○ | |
| | 16.母娘聖誕 | ○ | |
| | 17.特殊活動（法會） | 上天章消災補運法會──祈禳集福 | |
| 對瑤池金母普渡收圓定慧解脫真的見解與實踐 | 1.教化行善 | ○ | |
| | 2.誦經消災解厄 | ○ | |
| | 3.誦唸自悟 | × | |
| | 4.悟道修行 | × | |
| | 5.宣講傳揚 | ○ | |
| | 6.文化教育 | ○ | |
| | 7.公益慈善 | ○ | |
| 目前對瑤池金母的稱謂 | 1.無極瑤池金母大天尊（九字真言） | ○ | |
| | 2.瑤池金母 | ○ | |
| | 3.母娘、（bo'-a 姆阿） | ○ | |
| | 4.西王金母 | ○ | |
| | 5.王母娘娘 | × | |
| | 6.無極瑤池大聖西王金母大天尊 | ○ | |
| | 7.母娘慈悲 | ○ | |
| 特色 | 1.推展社會公益，成立社區圖書館、捐助急難救助車、弱勢兒童午餐。 2.寓母教於文化教育，成立各項社團──國樂團、合唱團、插花社。 3.2008 辦理大型活動──祈天護國佑民大法會、保民繞境嘉年華、2008 慈惠文化季弘揚母愛音樂會暨全國「慈悲楷模」頒獎表揚大會。 4.民 83 年成立中華道統慈惠協會，推展各項母教文教活動。 | | |

※郭堂主自述：母娘在我家幫我啓靈，祂曾問我：「要給三個人捐款來蓋廟，還是要眾人捐款蓋廟」，我說：「要給眾人捐！」所以今天松山慈惠堂是眾心眾力建成的！未來還要蓋醫院！

※修行要落實在日常生活中，行住坐臥都要發揮母娘的精神，像有的事業家董事長碰到事業、或家庭問題都會利用晚上來向我傾訴，因爲他們礙於身份面子不敢隨意向別人透露，一些家庭失和或有親子困擾的信徒也會找我投訴，目前來問事的年輕人也很多，各行各業都有，每天忙完會打坐一下，我會再全部巡察一次，我是最後一個離開廟的人，早上起來也會打坐。（我問她一天大概只睡 2～3 小時，郭堂主笑而點頭）

※對母娘要有心、忠誠、自覺，常常自我檢討自己要有能力去服務別人，在世要行功德、多佈施，守戒——遵守倫理綱常，修靈修到無業障，像母娘普渡眾生創下典範，遺愛在世間！希望發揚母娘的精神，所以我從文化、教育、藝文等方面著手，今年我們辦理馬來西亞兒童夏令營，做國際交流，也讓外國人認識瑤池金母的信仰。

※郭堂主希望從社會的各個面向及階層讓大家認識母娘，透過活動的方式讓社會大眾進入母娘的信仰，所以今年在台北小巨蛋舉辦全國性的 2008 慈惠文化季弘揚母愛音樂會暨第 12 屆全國「慈悲楷模」頒獎表揚大會，來彰顯母娘慈悲之母愛精神。

※目前美國的紐約慈惠堂、法拉盛慈惠堂，都是由松山分出去的。

※不做煆身訓練：每個人煆身啓靈後樣態、水準不一，有的哭嚎叫喊，有的踏撞很大聲，當初因爲醫療資源缺乏，所以母娘降下這樣的強身健體術，或感應入信修行，有的是眞啓靈，有的是自己的問題，所以我不鼓勵，修行要修自己的靈力，不要做「生童」，只能被借身，什麼都不知道，是不會進步的！我倡導吃素，因爲葷食容易沾染濁氣，一般慈惠堂沒有吃素，但我堅持要吃素！三分神七分力，不能全靠神，神人合一，自己要多努力。對慈惠堂的建議：1.成爲「行法」（執行各項法術，如收馬、問事）的神職人員之前要做教育。2.人才傳承：是否具備堅毅卓絕的精神及才能？

| 堂　名 | 蘆洲慈惠堂（蘆洲市） |
|---|---|
| 訪問日期 | 97.7.2 |
| 堂主 | 林根陣 |
| 開堂日期 | 64 年 |

| 佔地大小 | 位居公園中段，前庭後院均為社區公園，是蘆洲地標，民眾參與度甚高，約 100 坪 | | | |
|---|---|---|---|---|
| 開堂緣由 | 林堂主擔任鄉民代表多年，開廟緣由是因境內一女子突然降靈發乩，傳述金母旨意，命林堂主開堂濟世渡眾，乃往松山慈惠堂叩請令旗回堂朝拜。（據一師姐說因林夫人常年身體不好，因而林堂主常占卜問神，對神佛常有接觸，指示他必須行功立德方能解其夫人病厄。）堂外牆壁上開堂緣由之石刻予以簡單化 | | | |
| | 1.密契經驗 | 2.神蹟顯化 | 3.療癒治病 | 4.解困釋疑 |
| | | | ○ | ○ |
| 信仰活動 | 活動項目 | | 有○　無× | 備註 |
| | 1.安太歲 | | ○ | |
| | 2.光明燈 | | ○ | |
| | 3.制解 | | ○ | |
| | 4.收驚 | 米卦 | × | |
| | | 線香淨化 | ○ | 本人要到 |
| | 5.祈安禮斗法會（俗稱　拜斗） | | ○ | 春秋兩次 |
| | 6.超拔、普渡法會 | | ○ | |
| | 7.初一、十五及仙聖壽誕誦經 | | ○ | |
| | 8.早晚課誦經 | | × | |
| | 9.總堂進香（農曆 2 月 18 日前後） | | ○ | 5 部遊覽車 |
| | 10.乩手問事 | | ○ | 乩手專任，若有堂務指示，由住持認證，以智慧、合乎世間道理，並再請示仙尊為定奪。 |
| | 11.扶鸞 | 早期 | × | |
| | | 目前 | × | |
| | 12.講經　宣道 | | × | |
| | 13.抽籤 | | × | |
| | 14.煅身 | | × | |
| | 15.蟠桃聖會 | | ○ | |
| | 16.母娘聖誕 | | ○ | |
| | 17.特殊活動（法會） | | 開光點眼、教導誦經、三六九晚上 8 點團拜 | |

| 對瑤池金母普渡收圓定慧解脫眞的見解與實踐 | 1.教化行善 | ○ | |
| | 2.誦經消災解厄 | ○ | |
| | 3.誦唸自悟 | ✕ | |
| | 4.悟道修行 | ✕ | |
| | 5.宣講傳揚 | ○ | |
| | 6.文化教育 | ○ | |
| | 7.公益慈善 | ○ | |
| 目前對瑤池金母的稱謂 | 1.無極瑤池金母大天尊（九字眞言） | ○ | |
| | 2.瑤池金母 | ○ | |
| | 3.母娘、（bo'-a 姆阿） | ○ | |
| | 4.西王金母 | ○ | |
| | 5.王母娘娘 | ✕ | |
| | 6.無極瑤池大聖西王金母大天尊 | ○ | |
| | 7.母娘慈悲 | ✕ | |
| 特色 | 1.蘆洲第一間慈惠堂，堂生 80 多位，契子女 400 多位，制定「蘆洲慈惠堂堂規」規範堂生之權利、義務、戒規與年度堂務記事。 | | |
| | 2.堂主爲行政事務代表，另有住持一職執行各項法務及訓練神職人員，目前由住持帶領之誦經團，團員百餘人，分組分區支援各地慈惠堂聖典法會之誦經，所有團員均聽從團長（住持）之指揮，規戒嚴明。 | | |
| | 3.每逢農曆三、六、九（瑤命皈盤有詩：凡兒生計亂紛忙，參拜難隨感自傷，兒女有心母有意，寬分三六九來堂。因此慈惠堂有逢三、六、九、十三、十六、十九、二三二六二九共修研經煆身之規矩）晚上 7：30 舉行堂生團拜儀式。 | | |

堂主建言：目前慈惠堂之瓶頸

1. 各自爲政，一堂一特色，無統一的信仰教化課程。

2. 應不分彼此同心同源，不要膨脹自我，自己扮演好自己的腳色。

3. 不能再以迷信爲出發點，注意斷層問題，多培植年輕人或人才。

住持師姐（已有 10 多年資歷）對母娘經的見解：

先讓他人認同母娘，再行教化。經典體悟要知行合一。

入堂無怨無悔的付出，母娘的精神就可以宣揚。

上對神佛，下對眾生，圓滿融通，要求自己默默行功，代代傳承。

樹立母娘的典範，宣揚母娘經，祂具有佛的慈悲、道的傳統、儒的教化。

造福不造業協助母娘普度收圓

※住持認爲煆身與煉乩是二回事，煆身是求身體健康，煉乩需呈表告天並有
　訓練期限。

※訪談當日正好遇上辦事與團拜，當場參觀其活動，乩手通靈再擲杯確認，
　並靜神畫符。

※住持扮演神職人員的培訓與認證師，是靈媒與密契經驗的顧問，異於一般
　慈惠堂。

※制定自己的堂規，且執行分明，堂主與住持專業分工，各司其職。

※因地利之便目前是蘆洲地區的信仰中心。

| 堂　名 | 新莊慈惠堂（新莊市） | | | |
|---|---|---|---|---|
| 訪問日期 | 97.7.5 | | | |
| 堂主 | 黃彩蓮 | | | |
| 開堂日期 | 51.4.5（48 年先在家中安神像） | | | |
| 佔地大小 | 約 100 坪 | | | |
| 開堂緣由 | 黃堂主少女時代即習得誦經，因中壢慈惠堂陳清富堂主聘爲教導誦經的老師，到中壢教誦經，因此與母娘結緣，民國 46、47 年到寶華山與 10 多名未婚女眾、簡丁木一起開墾、修行，48 年先到中壢請令旗，並由陳堂主致贈由陳年老山木雕刻之母娘神尊，先在家中設堂，後來才蓋廟，當初資金短缺，母娘靈感化夢於信徒，信徒自己來捐款，「子有心母有靈」、「子正母靈」。 | | | |
| | 1.密契經驗 | 2.神蹟顯化 | 3.療癒治病 | 4.解困釋疑 |
| | ○ | ○ | ○ | ○ |
| 信仰活動 | 活動項目 | | 有○　無× | 備註 |
| | 1.安太歲 | | ○ | |
| | 2.光明燈 | | ○ | |
| | 3.制解 | | ○ | |
| | 4.收驚 | 米卦 | × | |
| | | 線香淨化 | ○ | |
| | 5.祈安禮斗法會（俗稱　拜斗） | | ○ | 農曆 1/27～1/29 個人、家庭私斗；7/16～7/19 大總斗，收丁口錢，自由捐輸。 |
| | 6.超拔、普渡法會 | | × | |

| | | | |
|---|---|---|---|
| | 7.初一、十五及仙聖壽誕誦經 | ○ | |
| | 8.早晚課誦經 | ○ | 誦「瑤池金母普渡收圓定慧解脫眞經」 |
| | 9.總堂進香（農曆2月18日前後） | ○ | |
| | 10.乩手問事 | × | |
| | 11.扶鸞 早期 | × | |
| | 目前 | × | |
| | 12.講經　宣道 | × | |
| | 13.抽籤 | ○ | |
| | 14.煅身 | × | |
| | 15.蟠桃聖會 | ○ | |
| | 16.母娘聖誕 | ○ | |
| | 17.特殊活動（法會） | | |
| 對瑤池金母普渡收圓定慧解脫眞的見解與實踐 | 1.教化行善 | ○ | |
| | 2.誦經消災解厄 | ○ | |
| | 3.誦唸自悟 | ○ | |
| | 4.悟道修行 | ○ | |
| | 5.宣講傳揚 | × | |
| | 6.文化教育 | ○ | |
| | 7.公益慈善 | ○ | |
| 目前對瑤池金母的稱謂 | 1.無極瑤池金母大天尊（九字眞言） | ○ | |
| | 2.瑤池金母 | ○ | |
| | 3.母娘、（bo'-a 姆阿） | ○ | |
| | 4.西王金母 | × | |
| | 5.王母娘娘 | × | |
| | 6.無極瑤池大聖西王金母大天尊 | ○ | |
| | 7.母娘慈悲 | × | |
| 特色 | 1.堂中另有2位師姐和堂主一樣都是未婚，共同協助堂務，慈惠堂中的姑娘駐堂。<br>2.未辦理個人法事，信徒有事來堂求助，自己抽籤或擲杯，靈感應驗。<br>3.每5年由信徒代表開會改選堂主，組織嚴謹確實遵守。<br>4.設有愛心基金會。<br>5.地區信仰中心，去年慶祝開堂45週年，辦理新莊地區神將嘉年華會，熱鬧異常。 | | |

※黃堂主早年勤練煨身，哪裡有病就打那裡，自己練到在地上打滾，停不下來，打一打精神卻很好。黃堂主說起農曆 6/3 訂為蟠桃會由來，是簡丁木在寶華山（民 46 年）煨身時開口乩示。

※民國 70 幾年時信徒最多，目前信徒來來去去。

※不伎不求、效勞奉獻是黃堂主的信念，缺乏後繼人才是隱憂。

※黃堂主當小姐時（民國 46、47 年時）曾隨簡丁木在寶華山修煉，至今終身未嫁，是姑娘治廟。曾舉辦新莊地區 2007 年神將嘉年華會繞境活動，恭祝開堂 45 周年堂慶，在地方上具有舉足輕重的信仰地位。

※著名台灣本土音樂家周添旺曾是新莊慈惠堂效勞生，做有對聯「慈恩法蕩，惠德巍峨」，另《瑤命皈盤》作者羅臥雲亦為堂前樑柱創作對聯相贈：

新宇巍峨兒女虔誠求妙諦，莊嚴偉肅原人叩首參聖容，

慈威戚戚為救殘零披星月，惠德巍巍遍宏真諦普塵寰，

分渡玉露兄弟並肩開覺路，堂耀金光姊妹攜手出迷津。

| 堂　名 | 後港慈惠堂（新莊市） | | | |
|---|---|---|---|---|
| 訪問日期 | 97.7.5 | | | |
| 堂主 | 李義良（第二代）第一代：李田塗 | | | |
| 開堂日期 | 47.12.3 | | | |
| 佔地大小 | 約 150 坪 | | | |
| 開堂緣由 | 現任堂主之祖母至花蓮探望二子李阿福，而李阿福本就是母娘契子，因而與母娘結緣，民國 47 年時從花蓮請回令旗奉祀，同年 12 月蒙母娘靈賜金尊，正式開堂宣揚母教、度眾濟世。 | | | |
| | 1.密契經驗 | 2.神蹟顯化 | 3.療癒治病 | 4.解困釋疑 |
| | ○ | × | × | × |
| 信仰活動 | 活動項目 | | 有○　無× | 備註 |
| | 1.安太歲 | | ○ | |
| | 2.光明燈 | | ○ | |
| | 3.制解 | | ○ | |
| | 4.收驚 | 米卦 | × | |
| | | 線香淨化 | × | |
| | 5.祈安禮斗法會（俗稱　拜斗） | | ○ | |
| | 6.超拔、普渡法會 | | × | |
| | 7.初一、十五及仙聖壽誕誦經 | | ○ | |

| | | | |
|---|---|---|---|
| | 8.早晚課誦經 | | ✕ | |
| | 9.總堂進香（農曆 2 月 18 日前後） | | ◯ | |
| | 10.乩手問事 | | ✕ | |
| | 11.扶鸞 | 早期 | ✕ | |
| | | 目前 | ✕ | |
| | 12.講經　宣道 | | ✕ | |
| | 13.抽籤 | | ✕ | |
| | 14.煆身 | | ✕ | |
| | 15.蟠桃聖會 | | ◯ | |
| | 16.母娘聖誕 | | ◯ | |
| | 17.特殊活動（法會） | | | |
| 對瑤池金母普渡收圓定慧解脫眞的見解與實踐 | 1.教化行善 | | ◯ | |
| | 2.誦經消災解厄 | | ◯ | |
| | 3.誦唸自悟 | | ✕ | |
| | 4.悟道修行 | | ✕ | |
| | 5.宣講傳揚 | | ✕ | |
| | 6.文化教育 | | ✕ | |
| | 7.公益慈善 | | ◯ | |
| 目前對瑤池金母的稱謂 | 1.無極瑤池金母大天尊（九字眞言） | | ◯ | |
| | 2.瑤池金母 | | ◯ | |
| | 3.母娘、（bo'-a 姆阿） | | ◯ | |
| | 4.西王金母 | | ✕ | |
| | 5.王母娘娘 | | ✕ | |
| | 6.無極瑤池大聖西王金母大天尊 | | ◯ | |
| | 7.母娘慈悲 | | ◯ | |
| 特色 | 1.47～60 幾年時信徒很多，曾有 5 位乩生，問事靈驗，因此由自家三合院翻修成大堂，這幾年信徒漸流失。<br>2.信徒有事可請母娘至家中坐鎮化解，不限天數。 | | | |

※田調時訪談到駐堂之王師兄，已服務 44 年，見證了興衰起落，他敘述了一段感應故事，當初要刻母娘神像時，師傅不知如何下手，後來母娘顯化聖像於師傅夢中，終於順利完成！而他自己因緣際會在後港慈惠堂服務了 44 年，拜母娘讓他平順消災，他會繼續服務。

| 堂　名 | 行德慈惠堂（台北市） | | | |
|---|---|---|---|---|
| 訪問日期 | 97.7.26 | | | |
| 堂主 | 林萬塗（本身擔任乩手，已辦事 30 多年） | | | |
| 開堂日期 | 69.6.10；73 年搬至台北市市民大道現址 | | | |
| 佔地大小 | 約 30 多坪 | | | |
| 開堂緣由 | 由恩主公啓靈並以其爲主祀神靈，原在家服務信徒，名「行德堂」，後因靈驗屢現，信徒不斷，並接收母娘神尊（原爲中華道教瑤池金母慈惠協會所有），改爲行德慈惠堂。 | | | |
| | 1.密契經驗 | 2.神蹟顯化 | 3.療癒治病 | 4.解困釋疑 |
| | ○ | ○ | × | ○ |

| 信仰活動 | 活動項目 | | 有○　無× | 備註 |
|---|---|---|---|---|
| | 1.安太歲 | | ○ | |
| | 2.光明燈 | | ○ | |
| | 3.制解 | | ○ | |
| | 4.收驚 | 米卦 | × | |
| | | 線香淨化 | × | |
| | 5.祈安禮斗法會（俗稱　拜斗） | | × | |
| | 6.超拔、普渡法會 | | × | |
| | 7.初一、十五及仙聖壽誕誦經 | | ○ | |
| | 8.早晚課誦經 | | × | |
| | 9.總堂進香（農曆 2 月 18 日前後） | | ○ | 2 年一次 |
| | 10.乩手問事 | | ○ | 堂主擔任 |
| | 11.扶鸞 | 早期 | × | |
| | | 目前 | × | |
| | 12.講經　宣道 | | × | |
| | 13.抽籤 | | × | |
| | 14.煆身 | | × | |
| | 15.蟠桃聖會 | | ○ | |
| | 16.母娘聖誕 | | ○ | |
| | 17.特殊活動（法會） | | | |

| 對瑤池金母普渡收圓定慧解脫真的見解與實踐 | 1.教化行善 | ◯ | |
|---|---|---|---|
| | 2.誦經消災解厄 | ◯ | |
| | 3.誦唸自悟 | ◯ | |
| | 4.悟道修行 | ✕ | |
| | 5.宣講傳揚 | ◯ | |
| | 6.文化教育 | ◯ | |
| | 7.公益慈善 | ◯ | |
| 目前對瑤池金母的稱謂 | 1.無極瑤池金母大天尊（九字真言） | ◯ | |
| | 2.瑤池金母 | ◯ | |
| | 3.母娘、（bo'-a 姆阿） | ◯ | |
| | 4.西王金母 | ✕ | |
| | 5.王母娘娘 | ✕ | |
| | 6.無極瑤池大聖西王金母大天尊 | ◯ | |
| | 7.母娘慈悲 | ◯ | |
| 特色 | 1.每2年以行腳方式回總堂進香。<br>2.制改：一年一次於年初五開始，並非以團體作業方式進行，而是一個一個制煞改厄，用13個蛋（閏年13個月），一個蛋代表一個月的運勢，看蛋的變化，解說被制改之人每月該注意事項，因此一天大約可完成百來人次，法事必須將近一個月才能作完（約有3000人次參加）。<br>3.林堂主擔任乩生目前維持一、三、四、五、六問事。<br>4.無禮斗法會（據林堂主云因處市區怕干擾住戶故無辦理）。<br>5.問事者範圍擴及年輕人，老少兼具。 | | |

※訪談時林堂主述說極多他個人的密契經驗，目前信徒眾多，97.12月將在石碇落成安座新廟。

※奉母娘指示，自73年建堂起每年或2年一次，帶領信徒行腳全台，農曆三月出行，約一個月最多40天完成，至今依然奉行。

※第一次行腳時母娘規定自己必須赤腳，（信徒不用）並指定廟堂參拜、添油香、每到一廟蓋章、坐禪、不可躺臥睡覺，途中自己的腳被玻璃片割傷，腫脹發炎，一度想半途折回，卻被阻止，必須走完全程，終於完成行程。

行腳意涵與體：行腳途中，有人嘲笑、也有不認識的人發心送飲水、有人讚歎、有人批評，看盡人性百態，路程雖然千辛萬苦，堅持到底，仍然完成猶如修行的道路一步一步，如實走來。

※林堂主對母經的認知：不違本心、本願，不貪不取。

※密契經驗的獲得：意念清淨，專注凝神，即可與神靈感應。

※林堂主個人密契經驗

一、21歲時（民45年）由台中霧峰北上謀生，努力工作，經幾年買下台灣大學附近2間房子，後被朋友所誘,喝酒賭博將房子輸掉並負債30多萬（60年代）因此婚姻生變，後來妻子到住家附近恩主公廟抽籤，籤詩顯示此人必將東山再起，妻子因此打消離婚念頭，自己也經常到廟裡打坐，有一次乩手起乩，拉住胸口，要他訓練爲乩聲，但自己並無意願且靜坐三四個月也無感應，所以工作之餘又出外應酬、遊玩，但事後如果再來打坐便被處罰，將自己的頭撞神桌，撞到瘀青紅腫，也無法停止，或身體去撞牆，自此幾次後，打消遊玩心態，有空就到廟裡打坐，連續4年，從不間斷。

二、有一次廟裡一位堂生的女兒無緣無故大肚子，許久查不出病因，來廟裡求助，正好乩手不在，就央求我幫忙死馬當活馬醫，我只好依其所託，回家洗澡之後，來堂靜坐，不久開口開藥，囑咐她回家服用竟痊癒了！（林堂主口述至此，含蓄的笑一笑）後來陸續有人找我幫忙，就在家裡開始辦事。（由信徒提供一尊土地公、觀音菩薩）

三、雖然從事神職多年，對神靈仍是存有疑惑，直至有一年行腳至南橫啞口路段，夜宿工寮時親見靈異現象，（自己發現燈火忽明忽弱，換過電池依然如故，另一信徒則是屢被摑耳光無法入睡，兩人於是假寐一探究竟，竟發現白色身影飄忽移動，致此相信世間確有另一空間的靈體，也相信神靈的存在）。

| 堂 名 | 台北慈惠堂（台北市） | | | |
|---|---|---|---|---|
| 訪問日期 | 97.7.26 | | | |
| 堂主 | 第一任林阿嬌，目前爲第二任潘名冠 | | | |
| 開堂日期 | 48.8.24 | | | |
| 佔地大小 | 3層樓、佔地500餘坪，建坪900餘坪 | | | |
| 開堂緣由 | 起源於林堂主於44年前往花蓮遊玩時，經總堂信女陳貴引領前往總堂朝拜金母，（據法華山溫堂主口述：當時林堂主衣著時髦，身穿旗袍大衣，正好碰上乩生辦事，竟叫出其名林嬌，當下震撼不已，旋即自動煏身，因此感應異常）與簡丁木觸談而合，於是恭請令旗、金身，回鄉虔誠禮拜 | | | |
| | 1.密契經驗 | 2.神蹟顯化 | 3.療癒治病 | 4.解困釋疑 |
| | ○ | ○ | × | × |

| 信仰活動 | 活動項目 | | 有○　無× | 備註 |
|---|---|---|---|---|
| | 1.安太歲 | | ○ | |
| | 2.光明燈 | | ○ | 隨時可點 |
| | 3.制解 | | ○ | |
| | 4.收驚 | 米卦 | × | |
| | | 線香淨化 | × | |
| | 5.祈安禮斗法會（俗稱　拜斗） | | ○ | |
| | 6.超拔、普渡法會 | | ○ | |
| | 7.初一、十五及仙聖壽誕誦經 | | ○ | |
| | 8.早晚課誦經 | | × | |
| | 9.總堂進香（農曆2月18日前後） | | × | |
| | 10.乩手問事 | | ○ | 潘堂主擔任 |
| | 11.扶鸞 | 早期 | ○ | |
| | | 目前 | × | |
| | 12.講經　宣道 | | × | 以此爲重 |
| | 13.抽籤 | | ○ | |
| | 14.煆身 | | × | |
| | 15.蟠桃聖會 | | ○ | |
| | 16.母娘聖誕 | | ○ | |
| | 17.特殊活動（法會） | | | |
| 對瑤池金母普渡收圓定慧解脫眞的見解與實踐 | 1.教化行善 | | ○ | |
| | 2.誦經消災解厄 | | ○ | |
| | 3.誦唸自悟 | | ○ | |
| | 4.悟道修行 | | ○ | |
| | 5.宣講傳揚 | | ○ | |
| | 6.文化教育 | | ○ | |
| | 7.公益慈善 | | ○ | |
| 目前對瑤池金母的稱謂 | 1.無極瑤池金母大天尊（九字眞言） | | ○ | |
| | 2.瑤池金母 | | ○ | |
| | 3.母娘、（bo'-a 姆阿） | | ○ | |
| | 4.西王金母 | | × | |
| | 5.王母娘娘 | | × | |
| | 6.無極瑤池大聖西王金母大天尊 | | ○ | |
| | 7.母娘慈悲 | | ○ | |

| 特色 | 1.開山堂主林阿嬌於 85 年逝世，經該堂扶鸞瑤池金母封為「穆竺尊者」並於廟後塑刻神像供人禮拜。 |
| --- | --- |
| | 2.四堂六部六尊神尊之一。 |
| | 3.分出多家慈惠堂：是花蓮總堂分出的全台第三家分堂，台北地區早期成立的慈惠堂大都由此分出，如北投、陽明山、清江、清水，再由此分出數十堂。 |
| | 4.民 64 扶鸞著書——「瑤池金母普渡救世明心經」、民 74 著書——「瑤池金母六提明心寶懺」均是以長手柄輦轎（木刻神轎上插令旗長竹柄前後兩人扛抬）一字一字於木桌上著出，（目前潘堂主即是乩手）是慈惠堂教內鸞書。 |
| | 5.早期誦經團有名，支援各堂誦經。 |
| | 6.組織完善——設有法聖部、聖事輔助部、管理清潔效勞部、工程籌策推展維護部、誦經部、財務會計文書部、公共關係部，配合地方公益參加多令救濟、將法會白米賑濟孤兒院救濟弱勢。 |
| | 7.每日課誦早晚課（由竺貞師姐擔任）。 |
| | 8.傳賢不傳子廣拓分堂。 |

※訪談當日遇到潘堂主、竺貞師姐，兩人都是創堂元老，竺貞師姐正在做晚課，潘堂主 18 歲開始訓乩，自云自己僅是國小畢業，母娘借體扶鸞著書，自己不敢誦經，因為很多字還是不認識，現任潘堂主是已故林堂主的義子，由他接任第二任堂主林堂主的子女在社會上各自有事業，無意願接手管理堂務，故由潘堂主接掌堂主之位，第一任林堂主，本就是家境富裕的商人之家，拜母娘開堂都是一段奇緣，民國 73、74 年間曾舉辦大型遶境活動。

※潘堂主表示要以科學理智發揚信仰，宗教法門無窮盡，要多學習，拜母娘要正規正矩，（定心、定慧）求真求實，不要做表面功夫。任何事先檢討自己，不要說好不好。生有安居所，死也要有安住所，母娘經是回歸瑤池的修行法門。

| 堂　名 | 中和慈惠堂（中和市） |
| --- | --- |
| 訪問日期 | 97.7.10 |
| 堂主 | 林阿義 |
| 開堂日期 | 64 年 |
| 佔地大小 | 約 100 多坪，幾次遷移，目前位於平鎮 |

| 開堂緣由 | 林堂主早年是一位做裝潢的生意人，因緣際會下於民國 60 年初，到位於信義區的北台慈惠堂參拜，母娘屢屢顯應，賺了一些錢，而當時堂主也鼓勵他自己開堂，因此邀集一些親朋好友於民國 64 年成立中和慈惠堂。當初成立的動機，是因為家族多人敬拜母娘，且想回饋母娘的恩典，因此而成立。 | | | |
|---|---|---|---|---|
| | 1.密契經驗 | 2.神蹟顯化 | 3.療癒治病 | 4.解困釋疑 |
| | × | × | × | ○ |
| 信仰活動 | 活動項目 | | 有○ 無× | 備註 |
| | 1.安太歲 | | ○ | |
| | 2.光明燈 | | ○ | |
| | 3.制解 | | ○ | |
| | 4.收驚 | 米卦 | ○ | |
| | | 線香淨化 | × | |
| | 5.祈安禮斗法會（俗稱 拜斗） | | ○ | |
| | 6.超拔、普渡法會 | | ○ | |
| | 7.初一、十五及仙聖壽誕誦經 | | ○ | |
| | 8.早晚課誦經 | | × | |
| | 9.總堂進香（農曆 2 月 18 日前後） | | × | |
| | 10.乩手問事 | | × | |
| | 11.扶鸞 | 早期 | ○ | |
| | | 目前 | ○ | |
| | 12.講經 宣道 | | ○ | |
| | 13.抽籤 | | ○ | |
| | 14.煆身 | | ○ | |
| | 15.蟠桃聖會 | | ○ | 一般性敬拜無特別隆重 |
| | 16.母娘聖誕 | | ○ | |
| | 17.特殊活動（法會） | | | |
| 對瑤池金母普渡收圓定慧解脫真的見解與實踐 | 1.教化行善 | | ○ | |
| | 2.誦經消災解厄 | | ○ | |
| | 3.誦唸自悟 | | ○ | |
| | 4.悟道修行 | | ○ | |
| | 5.宣講傳揚 | | ○ | |
| | 6.文化教育 | | ○ | |
| | 7.公益慈善 | | ○ | |

| 目前對瑤池金母的稱謂 | 1.無極瑤池金母大天尊（九字眞言） | ○ | |
| | 2.瑤池金母 | ○ | |
| | 3.母娘、（bo'-a 姆阿） | ○ | |
| | 4.西王金母 | × | |
| | 5.王母娘娘 | × | |
| | 6.無極瑤池大聖西王金母大天尊 | ○ | |
| | 7.母娘慈悲 | ○ | |
| 特色 | 1.地方性信仰中心信徒約三千餘人。 | | |
| | 2.自民國70年起扶鸞至今，並出版瑤池雙月刊。 | | |
| | 3.收鸞服務在中和員山地區很有口碑。 | | |
| | 4.力倡講經宣道及個人修行。 | | |

※當日訪談了林堂主及鸞務組蔡組長，中和慈惠堂組織完備，分組負責各項道務，扶鸞屬於鸞務組管理，因此蔡組長一起接受訪談，扶鸞的開辦是已故游副堂主堅持成立，自民國70年開始至今，依然持續每週二扶鸞，民國76～80年間人數眾多，每次參鸞人數達四、五十人，後來一直流失，目前只剩十餘人堅持不輟，維持每兩個月出版一期瑤池善刊，刊載鸞文及相關信仰、修行內容，藉以普化母娘教化，目前鸞務組極力辦理講經宣道，並期盼吸引社會各階層厽與信仰或修行活動，目前有一位楊道長宣講母娘經，蔡組長有心推展母娘信仰法門，堂主自認年事已高，希望有中青代接棒。

※中和慈惠堂在土城山上啓建新的廟宇，林堂主希望有生之年能建設完成，他認爲拜母娘很好，希望大家都能認識母娘並敬拜信仰，母娘經可以誦唸保佑或成爲我們做人做事的依準。

※蔡組長入母門多年（民國70幾年即來堂）曾參鸞多年，後來自己創業，暫時離開慈惠堂，但依然是鸞生身份，去年以擲杯方式獲母娘膺選爲鸞務組新任組長，他有自知之明，必須爲母娘做點事，因爲母娘曾幫他很多忙，連這條命也是母娘救的（蔡組長有一次因工作過於疲累一邊開車一邊打瞌睡竟開車撞上安全島，但車毀人卻在昏沉意識中毫髮無傷因此對母娘感恩至極），他希望推動母娘教化，修定慧解脫，朝母娘普渡收圓之路邁進，他有如此的使命感。

| 堂　名 | 佲美慈惠堂（梧棲鎮自強三街 39 號） | | | |
|---|---|---|---|---|
| 訪問日期 | 97.7.16 | | | |
| 堂主 | 林玉美 | | | |
| 開堂日期 | 92～ | | | |
| 佔地大小 | 約 30 坪 | | | |
| 開堂緣由 | 林堂主是腦性痲痺患者，拜母娘已經 31 年，先在卓蘭拜母修行 25 年，於 92 年返回出生地梧棲開設慈惠堂，本身是濟公乩手，後來受到母娘感召及法華山溫堂主指導，所以開堂。 | | | |
| | 1.密契經驗 | 2.神蹟顯化 | 3.療癒治病 | 4.解困釋疑 |
| | ○ | × | ○ | ○ |

| 信仰活動 | 活動項目 | | 有○　無× | 備註 |
|---|---|---|---|---|
| | 1.安太歲 | | ○ | |
| | 2.光明燈 | | ○ | |
| | 3.制解 | | ○ | |
| | 4.收驚 | 米卦 | × | |
| | | 線香淨化 | ○ | |
| | 5.祈安禮斗法會（俗稱　拜斗） | | ○ | 一年一次，農曆 2 月 2 日 |
| | 6.超拔、普渡法會 | | ○ | |
| | 7.初一、十五及仙聖壽誕誦經 | | ○ | |
| | 8.早晚課誦經 | | × | |
| | 9.總堂進香（農曆 2 月 18 日前後） | | ○ | |
| | 10.乩手問事 | | ○ | 堂主擔任 |
| | 11.扶鸞 | 早期 | × | |
| | | 目前 | × | |
| | 12.講經　宣道 | | × | |
| | 13.抽籤 | | × | |
| | 14.煆身 | | × | |
| | 15.蟠桃聖會 | | ○ | |
| | 16.母娘聖誕 | | ○ | |
| | 17.特殊活動（法會） | | 安神位、祖先牌位 | |

| 對瑤池金母普渡收圓定慧解脫眞的見解與實踐 | 1.教化行善 | ○ | |
| | 2.誦經消災解厄 | ○ | |
| | 3.誦唸自悟 | ○ | |
| | 4.悟道修行 | ○ | |
| | 5.宣講傳揚 | × | |
| | 6.文化教育 | × | |
| | 7.公益慈善 | × | |
| 目前對瑤池金母的稱謂 | 1.無極瑤池金母大天尊（九字眞言） | ○ | |
| | 2.瑤池金母 | ○ | |
| | 3.母娘、（bo'-a 姆阿） | × | |
| | 4.西王金母 | × | |
| | 5.王母娘娘 | ○ | |
| | 6.無極瑤池大聖西王金母大天尊 | ○ | |
| | 7.母娘慈悲 | ○ | |
| 特色 | 1.以普渡盛況著名，92 年開堂即席開 420 桌筵席辦理超拔，每桌均有信徒認領，94 年 605 桌，97 年 502 桌，每桌 1200 元，屬於地區性信仰，目前堂中友一位師姐協助她處理堂務。<br>2.母娘指示她行醫救世、不可中途而廢，要堅持做到底，濟世、度世意志堅定。 | | |

※訪談中林堂主表示：2 年前丈夫往生，育有一子一女，均大學畢業就業中，本來在桌蘭妙玄堂靜修，金母指示她回返故鄉服務大眾，要勇敢向前行（林堂主雙腳不良於行，口語表達不甚清晰），不貪不求，要發揮母娘慈悲的精神救濟世人，穿上寶衣（青衣）就是要服務眾生，曾 2 天走訪 28 間堂！

※家堂型式，未見加入道教團體或中部「瑤池道脈聖教會」。

※因病苦纏身，長年病痛，所以體會「苦」境的磨練，堅持行功立德、服務眾生。再苦也要做下去。

| 堂　　名 | 慈德慈惠堂（台中市大墩 19 街 82 號） |
| --- | --- |
| 訪問日期 | 97.7.16 |
| 堂主 | 第一代堂主陳文田、第二代陳瑞寶 |
| 開堂日期 | 72 年～ |
| 佔地大小 | 約 200 坪、三樓建築 |

| 開堂緣由 | 原本是一貫道寶光組道親，母親死時正逢初一，出殯時又逢刮風下雨，俗語云：「歹（phai）心 o-lo丶肚，要死初一十五，要埋（dai丶）風 ga雨」除了自己拜神修心，母親經營雜貨店也是和睦鄰里常施援手，怎會遭遇這樣的境遇，十分挫折與不解，因此棄道不修，民國 60 年時一位房客邀她到同在台中的澤慈惠堂拜拜經不起誠意的三番四次邀約，終於成行第一次去時自己進行煆身，但是站了半小時並無反應，過了幾天第二次去時，一樣在煆身，自己意識很清楚耳邊聽到一個聲音：「我是濟佛來幫你解答惑，你母親今生之功德無法補足前世業障所以受到一些嘲諷至於你親戚手腳不乾淨卻能買屋入厝，那是先人餘蔭不過他的報應你會看得到」，猶如一聲轟雷，一記打醒夢中人！但仍然質疑自己的感應，往後三天每天都去煆身，直接開口說話，（其他人錄音存證告訴他是濟公駕）但事後自己不知所云，原來自己成了「生童」（che～dang），自此在那裡服務三年，65 年在自家設家堂接受敬拜（叫慈惠堂，原本在中港路），但不辦事，69、70 年間自己接到啓示要辦善刊，72 年正式命名「慈德慈惠堂」，並以扶鸞方式出版「慈惠月刊」（72 年開始發行，月刊由原來林柏燦先生辦的「慈惠通訊」改名延續而來。） |
|---|---|

| 1.密契經驗 | 2.神蹟顯化 | 3.療癒治病 | 4.解困釋疑 |
|---|---|---|---|
| ○ | × | × | ○ |

| 信仰活動 | 活動項目 | | 有○ 無× | 備註 |
|---|---|---|---|---|
| | 1.安太歲 | | ○ | |
| | 2.光明燈 | | ○ | |
| | 3.制解 | | ○ | |
| | 4.收驚 | 米卦 | × | |
| | | 線香淨化 | ○ | |
| | 5.祈安禮斗法會（俗稱 拜斗） | | ○ | |
| | 6.超拔、普渡法會 | | ○ | |
| | 7.初一、十五及仙聖壽誕誦經 | | ○ | |
| | 8.早晚課誦經 | | × | |
| | 9.總堂進香（農曆 2 月 18 日前後） | | ○ | |
| | 10.乩手問事 | | ○ | 堂主擔任 |
| | 11.扶鸞 | 早期 | ○ | 民國 70～80 年時台中有 26 家鸞堂，出版 26 本善刊雜誌，全台每月發行 160 萬本，現在只剩 6、7 家。 |

| | | 目前 | × | |
|---|---|---|---|---|
| | 12.講經　宣道 | | × | |
| | 13.抽籤 | | ○ | |
| | 14.煆身 | | × | |
| | 15.蟠桃聖會 | | ○ | |
| | 16.母娘聖誕 | | ○ | |
| | 17.特殊活動（法會） | | 農曆 6/24 消災祭改補財庫法會、辦理慈惠新聞報、出版慈惠雜誌、大陸參道交流。 | |
| 對瑤池金母普渡收圓定慧解脫真的見解與實踐 | 1.教化行善 | | ○ | |
| | 2.誦經消災解厄 | | ○ | |
| | 3.誦唸自悟 | | ○ | |
| | 4.悟道修行 | | ○ | |
| | 5.宣講傳揚 | | ○ | |
| | 6.文化教育 | | ○ | |
| | 7.公益慈善 | | ○ | |
| 目前對瑤池金母的稱謂 | 1.無極瑤池金母大天尊（九字真言） | | ○ | |
| | 2.瑤池金母 | | ○ | |
| | 3.母娘、（bo'-a 姆阿） | | ○ | |
| | 4.西王金母 | | ○ | |
| | 5.王母娘娘 | | ○ | |
| | 6.無極瑤池大聖西王金母大天尊 | | ○ | |
| | 7.母娘慈悲 | | ○ | |
| 特色 | 1.以文教普化，出版諸多善刊、雜誌，目前發行「慈惠月刊」、宗教時報社──「慈惠新聞報」傳播宗教新聞、文化。<br>2.成立「慈德急難關懷協會」推動社會公益關懷弱勢（慈惠月刊 249 期）<br>3.辦理宗教交流訪問團至大陸參訪。（慈惠月刊 249 期）。<br>4.結合時代潮流，發展多元信仰活動。（月下老人、補財運、文昌燈、金母盃書法比賽） | | | |

據前堂主陳文田表示：

1. 目前準備成立：「母教太玄宗教會」，發揚母娘的教義、教理，設「慈惠經典研究小姐」、「教育小組（宣導）」、『禮節小組』，因為陳堂主認為慈惠堂缺乏對母教真實意涵的認知，未確立修行觀念，要以經典教育整合信仰，需教化和規範。

2. 對母經見解：上天賜下的道脈，從何而來從何回去，「原來的路再走回去」，要回歸瑤池需去六賊，瑤池代表太極的境界，無染無著、回歸原生——母親慈懷，就是無極。眾生是母靈分化，所以母子相稱，不能只在外相上修，要修真才能了脫生死、解脫自在。母經是生活化、入世化，包含儒家的倫理綱常、道家的煉化精、氣、神、釋教的去六賊五蘊達到解脫自在。

3. 「無極瑤池金母大天尊」是清淨無爲的境界，這句聖號就是修行的路。

4. 對目前慈惠堂的看法：

(1)需整合規範，從醫藥靈療期需進化到自我修行解脫，60 年普信階段須提升，成也煆身敗也煆身，早期真的是神蹟顯應，母娘度世化眾，後來變成意識用事，乩手交相分別比較，形成混亂，一家一家的慈惠堂應聲而倒，總堂自我窄化，沒有向心力，讓各堂自我發揮。應該是「母子連心」卻「越行越遠」！

(2)從經典建立自我認知和母娘連結，勤持聖號。

(3)用經典的教義來收服人心，才能凝固內在信仰，入道修行。

礦溪慈惠堂主壬委員——楊經（97.7.31 訪談）（台灣瑤池道脈聖教會理事長），楊理事長原任警局刑事，退休後有一次經由友人邀請去礦溪慈惠堂吃拜拜，竟當場被選爲主任委員，後努力經營堂務，協助完成蓋廟，目前延請一位職員平時處理堂務，以提供信徒拜拜爲主，母娘聖誕七月 18 祝壽，七月普施，初一十五才有收驚，平日並無辦理法事，楊理事長亦組織「礦溪同仁會」，是首任理事長（91.5.15～94.5.14），爲省級人民團體，綜合性社團，旨在聯誼，舉辦文康活動，帶動母娘信徒，將信仰生活化。

| 堂　　名 | 竹山慈惠堂（竹山鎮） | | | |
|---|---|---|---|---|
| 訪問日期 | 97.7.30 | | | |
| 堂主 | 第一代林火岸、第二代林國雄（目前由林國隆主持堂務） | | | |
| 開堂日期 | 50.4.25 | | | |
| 佔地大小 | 約 50 坪目前整理中準備重建 | | | |
| 開堂緣由 | 第一代堂主林火岸原爲木材商人，因家運衰微，經中壢慈惠堂堂主陳清富之引介，告知金母靈驗可以祈助，於民國 48 年至中壢請回令旗鎮宅奉祀，鄰近接來參拜，靈驗異常，未幾恭塑聖像，虔誠崇奉，經信眾踴躍捐輸，林堂主獻出土地蓋堂，終於 50 年 4 月 25 日安座開堂濟世。 | | | |
| | 1.密契經驗 | 2.神蹟顯化 | 3.療癒治病 | 4.解困釋疑 |
| | × | ○ | × | ○ |

| 信仰活動 | 活動項目 | | 有○　無× | 備註 |
|---|---|---|:---:|---|
| | 1.安太歲 | | ○ | |
| | 2.光明燈 | | ○ | |
| | 3.制解 | | ○ | 符令以道藏爲版本，儀式流程公告信徒知悉。 |
| | 4.收驚 | 米卦 | × | |
| | | 線香淨化 | ○ | 每週六施行 |
| | 5.祈安禮斗法會（俗稱　拜斗） | | ○ | 一年一次 2/11～2/13 |
| | 6.超拔、普渡法會 | | ○ | |
| | 7.初一、十五及仙聖壽誕誦經 | | ○ | |
| | 8.早晚課誦經 | | × | |
| | 9.總堂進香（農曆 2 月 18 日前後） | | × | |
| | 10.乩手問事 | | ○ | 無形病、疑難雜症由林監院處理、肉體病痛由弟子處理 |
| | 11.扶鸞 | 早期 | × | |
| | | 目前 | × | |
| | 12.講經　宣道 | | × | 辦法會時才有 |
| | 13.抽籤 | | × | |
| | 14.煆身 | | × | |
| | 15.蟠桃聖會 | | ○ | 訂爲農曆 8 月 15 日 |
| | 16.母娘聖誕 | | ○ | 法會三天 |
| | 17.特殊活動（法會） | | | |
| 對瑤池金母普渡收圓定慧解脫眞的見解與實踐 | 1.教化行善 | | ○ | |
| | 2.誦經消災解厄 | | ○ | |
| | 3.誦唸自悟 | | ○ | |
| | 4.悟道修行 | | ○ | |
| | 5.宣講傳揚 | | ○ | |
| | 6.文化教育 | | ○ | |
| | 7.公益慈善 | | ○ | |

| 目前對瑤池金母的稱謂 | 1.無極瑤池金母大天尊（九字眞言） | ○ | |
|---|---|---|---|
| | 2.瑤池金母 | ○ | |
| | 3.母娘、（bo'-a 姆阿） | | |
| | 4.西王金母 | ○ | |
| | 5.王母娘娘 | | |
| | 6.無極瑤池大聖西王金母大天尊 | ○ | |
| | 7.母娘慈悲 | | |
| 特色 | 1.林國雄爲慈惠堂早期知識份子，出版多本書籍，對慈惠堂瑤池金母信仰論述極多。<br>2.將台灣瑤池金母信仰與道教西王母接軌。<br>3.目前由堂所組織之「中國慈惠弘道功德會」出版「道訊」季刊，以弘道爲旨，兼論其他教派教義及修行心得、宗教藝文、道務活動。<br>4.分出多家慈惠堂——溪湖、西螺、員林、林內、田中、烏日、南投、秀水、義和及家宅奉祀。 | | |

※當日訪問到的是林堂主的弟弟——林國隆，職稱爲監院，於89年由西王金母賜號「松竹山人」（竹山慈惠堂、中國慈惠弘道功德會印發之——《玄都三壇初眞受戒傳度、中極晉戒奏職、天仙完戒道職》一書中所述），以慈惠堂丹眞派爲名，弟子200多名，林監院自稱已有8年不食人間煙火，僅以水果維生，一切法事依準爲道教之道藏，有本、有源、有據，目前以擲杯確認方式校正經典，因有些經典字義有疑，所以校正經典，教化從經典入手，不政治化、商業化，（林監院讓我們參觀書房兼會客室藏書極多）成爲健康正信的宗教。

※目前努力重建竹山慈惠堂之願景。

林監院說：

※成立丹眞派，實行性命雙修。

※眞人就是金剛不壞之身，人活到120歲是正常。

※將道家哲理、文化、丹道、養生宏揚光大，以其達到救世、濟世、勸世之目的。

| 堂　名 | 中壢慈惠堂（中壢市） |
|---|---|
| 訪問日期 | 97.7.6 |
| 堂主 | 陳清富 |
| 開堂日期 | 41 年～ |

| 佔地大小 | 約 300 坪 | | | |
|---|---|---|---|---|
| 開堂緣由 | 陳清富是慈惠堂瑤池金母信仰的第一代契子女，原是經營線香的商人，行經花蓮，目睹母娘顯化事蹟，於是提議以香敬拜，自己也成為母娘的契子女，並成為全台第一個分堂，於民國 41 年從總堂迎請令旗回家恭奉，本意鎮宅祈求平安，但母娘聖靈顯化，有求必應，遂成立中壢慈惠堂。 | | | |
| | 1.密契經驗 | 2.神蹟顯化 | 3.療癒治病 | 4.解困釋疑 |
| | ○ | ○ | × | × |
| 信仰活動 | 活動項目 | | 有○　無× | 備註 |
| | 1.安太歲 | | ○ | 約 5 萬人安奉 |
| | 2.光明燈 | | ○ | 約 5 萬人安奉 |
| | 3.制解 | | ○ | |
| | 4.收驚 | 米卦 | ○ | |
| | | 線香淨化 | × | |
| | 5.祈安禮斗法會（俗稱　拜斗） | | ○ | |
| | 6.超拔、普渡法會 | | ○ | |
| | 7.初一、十五及仙聖壽誕誦經 | | ○ | |
| | 8.早晚課誦經 | | × | |
| | 9.總堂進香（農曆 2 月 18 日前後） | | ○ | |
| | 10.乩手問事 | | × | 堂主擔任 |
| | 11.扶鸞 | 早期 | ○ | 以 2 人抬奉之鸞轎扶鸞，目前鸞轎還放在二樓上。 |
| | | 目前 | × | |
| | 12.講經　宣道 | | × | |
| | 13.抽籤 | | × | |
| | 14.煆身 | | × | 禁止在堂內煆身，以公告方式明白規定。有的人一煆身便開口指示，形成混亂、衝突，所以禁止。 |
| | 15.蟠桃聖會 | | ○ | |
| | 16.母娘聖誕 | | ○ | |
| | 17.特殊活動（法會） | | | |

| 對瑤池金母普渡收圓定慧解脫眞的見解與實踐 | 1.教化行善 | ○ | |
|---|---|---|---|
| | 2.誦經消災解厄 | ○ | |
| | 3.誦唸自悟 | ○ | |
| | 4.悟道修行 | ○ | |
| | 5.宣講傳揚 | × | |
| | 6.文化教育 | × | |
| | 7.公益慈善 | × | |
| 目前對瑤池金母的稱謂 | 1.無極瑤池金母大天尊（九字眞言） | ○ | |
| | 2.瑤池金母 | ○ | |
| | 3.母娘、（bo'-a 姆阿） | ○ | |
| | 4.西王金母 | ○ | |
| | 5.王母娘娘 | × | |
| | 6.無極瑤池大聖西王金母大天尊 | ○ | |
| | 7.母娘慈悲 | ○ | |
| 特色 | 1.全名「財團法人台灣省桃園縣中壢慈惠堂」，簡稱中壢慈惠堂，全台兩家財團法人組織之慈惠堂其中一間。<br>2.全台慈惠堂系列儲蓄款最多之堂。<br>3.由陳燦宏董事長發起成立「中華無極瑤池西王金母教會」。<br>4.分靈拓展分出許多分堂，如新莊、北台竹山。<br>5.地區代表性信仰中心。原址爲中壢市新生路六和巷 4 號（《慈惠堂史》，民 68 年），目前堂址爲：中壢市慈惠二街 9 號，原路巷名更改爲「慈惠二街」足見成爲地方信仰的識別與象徵地位。<br>6.成立愛心基金會扶助弱勢，濟世助人，積極參與社會公益，捐助救護車，造福鄉里不遺餘力。 | | |

※97.7.6 訪問到陳燦宏董事長，他希望自己能做母娘的終身義工，發揚母教精神，所以北區慈惠堂爐下聯誼會各堂主提議成立「母教會」時，自己毅然擔負起重任，期望慈惠堂走出自己的路，以母娘的信仰意涵爲教派中心思想，像一貫道一樣，瑤池金母成爲獨立的信仰宗教，而不只是道教的支派。後一甲子能振興經典，豎立信眾、契子女內心堅實的信仰力，將母娘的信仰文化延展開來，帶動社會祥和氣氛。將成立「中華無極瑤池西王金母教會」。

| 堂　名 | 慈光慈惠堂（平鎮市） | | | |
|---|---|---|---|---|
| 訪問日期 | 97.7.6 | | | |
| 堂主 | 陳文憲 | | | |
| 開堂日期 | 77.7 | | | |
| 佔地大小 | 約100多坪，幾次遷移，目前位於平鎮 | | | |
| 開堂緣由 | 25、26歲看了啓靈學的書，開始有興趣進入靈的世界，後來去北投慈惠堂鍛鍊2、3年風雨無阻，後來又接受到母娘的感應，就成立慈光慈惠堂。 | | | |
| | 1.密契經驗 | 2.神蹟顯化 | 3.療癒治病 | 4.解困釋疑 |
| | ○ | ○ | × | ○ |
| 信仰活動 | 活動項目 | | 有○　無× | 備註 |
| | 1.安太歲 | | ○ | |
| | 2.光明燈 | | ○ | |
| | 3.制解 | | ○ | |
| | 4.收驚 | 米卦 | × | |
| | | 線香淨化 | × | |
| | 5.祈安禮斗法會（俗稱　拜斗） | | ○ | |
| | 6.超拔、普渡法會 | | ○ | |
| | 7.初一、十五及仙聖壽誕誦經 | | ○ | |
| | 8.早晚課誦經 | | × | |
| | 9.總堂進香（農曆2月18日前後） | | × | |
| | 10.乩手問事 | | ○ | 堂主擔任 |
| | 11.扶鸞 | 早期 | × | |
| | | 目前 | × | |
| | 12.講經　宣道 | | ○ | 以此為重 |
| | 13.抽籤 | | × | |
| | 14.煆身 | | × | |
| | 15.蟠桃聖會 | | ○ | |
| | 16.母娘聖誕 | | ○ | |
| | 17.特殊活動（法會） | | | |

| 對瑤池金母普渡收圓定慧解脫眞的見解與實踐 | 1.教化行善 | ○ | |
| | 2.誦經消災解厄 | ○ | |
| | 3.誦唸自悟 | ○ | |
| | 4.悟道修行 | ○ | |
| | 5.宣講傳揚 | ○ | |
| | 6.文化教育 | ○ | |
| | 7.公益慈善 | × | |
| 目前對瑤池金母的稱謂 | 1.無極瑤池金母大天尊（九字眞言） | ○ | |
| | 2.瑤池金母 | ○ | |
| | 3.母娘、（bo'-a 姆阿） | ○ | |
| | 4.西王金母 | × | |
| | 5.王母娘娘 | ○ | |
| | 6.無極瑤池大聖西王金母大天尊 | ○ | |
| | 7.母娘慈悲 | ○ | |
| 特色 | 1.靜坐煉丹。<br>2.辦理消解冤障法會。<br>3.經典釋義。 | | |

※慈光慈惠堂陳堂主重視性命雙修，以靜坐、丹功爲主，曾多次閉關修煉，並積極宣經講道，早期人稱陳老師，曾到多處慈惠堂宣講經典，亦曾到松山慈惠堂講解經典。

※訪談時他認爲母娘一甲子的顯化靈感普渡期已結束，接下來是收圓期，必須以修煉爲主，母娘負責統御收圓，每個人都有光明本體、無極靈性，末法時期修行是唯一的路，有修行的人才能進入「瑤命皈盤」。

| 堂　　名 | 高雄慈惠堂（高雄市） | | |
|---|---|---|---|
| 訪問日期 | 97.7.23 | | |
| 堂主 | 蔡春生 | | |
| 開堂日期 | 55.9 | | |
| 佔地大小 | 約 50 坪 | | |
| 開堂緣由 | 開堂堂主黃妙能，本信奉媽祖，後聞人讚頌瑤池金母靈驗，於是前往南台慈惠堂求取令旗，代母宣化，本在高雄鼓山區自家度眾，後遷於新興區，經母娘指示再遷於今天堂址。 | | |

| 1.密契經驗 | 2.神蹟顯化 | 3.療癒治病 | 4.解困釋疑 |
|---|---|---|---|
| ○ | × | × | × |

| 信仰活動 | 活動項目 | | 有〇 無× | 備註 |
|---|---|---|---|---|
| | 1.安太歲 | | 〇 | |
| | 2.光明燈 | | 〇 | |
| | 3.制解 | | 〇 | |
| | 4.收驚 | 米卦 | × | |
| | | 線香淨化 | 〇 | 師姐有來堂由其收驚，若無則喝敬茶解厄 |
| | 5.祈安禮斗法會（俗稱　拜斗） | | 〇 | 一年一次 |
| | 6.超拔、普渡法會 | | 〇 | |
| | 7.初一、十五及仙聖壽誕誦經 | | 〇 | |
| | 8.早晚課誦經 | | × | |
| | 9.總堂進香（農曆 2 月 18 日前後） | | 〇 | |
| | 10.乩手問事 | | 〇 | 每週六 |
| | 11.扶鸞 | 早期 | 〇 | 以扶鸞指示事情 |
| | | 目前 | × | |
| | 12.講經　宣道 | | × | |
| | 13.抽籤 | | × | |
| | 14.煆身 | | 〇 | |
| | 15.蟠桃聖會 | | 〇 | |
| | 16.母娘聖誕 | | 〇 | |
| | 17.特殊活動（法會） | | 敬祝母娘聖誕點福慧宮燈 | |
| 對瑤池金母普渡收圓定慧解脫真的見解與實踐 | 1.教化行善 | | 〇 | |
| | 2.誦經消災解厄 | | 〇 | |
| | 3.誦唸自悟 | | 〇 | |
| | 4.悟道修行 | | 〇 | |
| | 5.宣講傳揚 | | × | |
| | 6.文化教育 | | × | |
| | 7.公益慈善 | | 〇 | |

| 目前對瑤池金母的稱謂 | 1.無極瑤池金母大天尊（九字眞言） | × | |
|---|---|---|---|
| | 2.瑤池金母 | ○ | |
| | 3.母娘、（bo'-a 姆阿） | ○ | |
| | 4.西王金母 | × | |
| | 5.王母娘娘 | × | |
| | 6.無極瑤池大聖西王金母大天尊 | ○ | |
| | 7.母娘慈悲 | × | |
| 特色 | 1.開放空間使用，隨時可到堂中靜坐、煆身。<br>2.民國 95 年慶祝開堂 40 週年，編印《無極瑤池大聖西王金母寶典全集》。<br>3.堂主是終身職，在任堂主死後，再以擲杯方式產生新堂主。<br>4.分靈而出 6 家慈惠堂。 | | |

※97.7.23 訪談駐堂服務的林師姐，與母娘結緣的密契經驗，說她有一次經過此地，一眼望進堂中，兩三秒的直視，只看到母娘，其他都看不見，就來堂開始服務了。本來堂中有多位乩手，後來年歲大了，便離開了，早期以扶鸞指示事情，目前只剩一位乩手服務問事。

※林師姐說：拜母娘要守戒律、守口、心中時刻有善念，多看經典，保持清淨，自己要反省懺悔，多加修身養性。母娘經是讓我們誦唸和修養的。

| 堂　　名 | 屏東慈惠堂（屏東市） | | |
|---|---|---|---|
| 訪問日期 | 97.7.23 | | |
| 堂主 | 陳金爐 | | |
| 開堂日期 | 62～ | | |
| 佔地大小 | 約 100 坪 | | |
| 開堂緣由 | 堂主陳金爐聽聞母娘靈感，經人引介至花蓮聖地叫請令旗，安奉自宅參拜，四度遷移堂址，至 73 年 6 月新堂擎成，移奉金母寶像安座現址。 | | |
| | 1.密契經驗 | 2.神蹟顯化 | 3.療癒治病 | 4.解困釋疑 |
| | × | × | × | ○ |

| 信仰活動 | 活動項目 | | 有○　無× | 備註 |
|---|---|---|---|---|
| | 1.安太歲 | | ○ | |
| | 2.光明燈 | | ○ | |
| | 3.制解 | | ○ | |
| | 4.收驚 | 米卦 | × | |
| | | 線香淨化 | ○ | |
| | 5.祈安禮斗法會（俗稱　拜斗） | | ○ | |

| | | | | |
|---|---|---|---|---|
| | 6.超拔、普渡法會 | | ✕ | 過去有，現在沒有 |
| | 7.初一、十五及仙聖壽誕誦經 | | ◯ | |
| | 8.早晚課誦經 | | ✕ | |
| | 9.總堂進香（農曆 2 月 18 日前後） | | ◯ | |
| | 10.乩手問事 | | ✕ | |
| | 11.扶鸞 | 早期 | ✕ | |
| | | 目前 | ✕ | |
| | 12.講經　宣道 | | ✕ | |
| | 13.抽籤 | | ✕ | |
| | 14.煆身 | | ✕ | 以前有。 |
| | 15.蟠桃聖會 | | ◯ | |
| | 16.母娘聖誕 | | ◯ | |
| | 17.特殊活動（法會） | | | |
| 對瑤池金母普渡收圓定慧解脫眞的見解與實踐 | 1.教化行善 | | ◯ | |
| | 2.誦經消災解厄 | | ◯ | |
| | 3.誦唸自悟 | | ✕ | |
| | 4.悟道修行 | | ✕ | |
| | 5.宣講傳揚 | | ✕ | |
| | 6.文化教育 | | ✕ | |
| | 7.公益慈善 | | ✕ | |
| 目前對瑤池金母的稱謂 | 1.無極瑤池金母大天尊（九字眞言） | | ✕ | |
| | 2.瑤池金母 | | ◯ | |
| | 3.母娘、（bo'-a 姆阿） | | ◯ | |
| | 4.西王金母 | | ✕ | |
| | 5.王母娘娘 | | ✕ | |
| | 6.無極瑤池大聖西王金母大天尊 | | ◯ | |
| | 7.母娘慈悲 | | ✕ | |
| 特色 | 1.位於屏東市勝利國小斜對面，兩者相距不到 100 公尺，提供堂前空地爲學校家長接送區。<br>2.可隨意到堂參禪打坐。<br>3.無乩手問事，有事相求用擲杯。 | | | |

※訪談當日訪問堂中一位資深堂生，僅大略說明一下信仰活動，其餘不願多談。

| 堂　名 | 南台慈惠堂（台南市） | | | |
|---|---|---|---|---|
| 訪問日期 | 97.7.24 | | | |
| 堂主 | 陳泉（第一代堂主）、現由其子接掌堂主 | | | |
| 開堂日期 | 49.12.18 | | | |
| 佔地大小 | 約 100 坪 | | | |
| 開堂緣由 | 第一代堂主陳泉於民國 46 年因緣前往台南慈惠堂參拜，信奉虔誠，47 年夢見一仙佛曰：「名午有三人前來，洽談開堂弘教事宜。」次日果然應驗，感於母娘神威顯赫，一口承諾，先以私有花園磚屋，權充母堂，至 49 年正式普開瑤門聖教，傳度世人，堂名由仙佛扶鸞降下。 | | | |
| | 1.密契經驗 | 2.神蹟顯化 | 3.療癒治病 | 4.解困釋疑 |
| | ○ | ○ | × | × |

| 信仰活動 | 活動項目 | | 有○　無× | 備註 |
|---|---|---|---|---|
| | 1.安太歲 | | ○ | |
| | 2.光明燈 | | ○ | |
| | 3.制解 | | ○ | |
| | 4.收驚 | 米卦 | × | |
| | | 線香淨化 | × | |
| | 5.祈安禮斗法會（俗稱　拜斗） | | ○ | 一年一次，9/6～9/9　三天不關廟門 |
| | 6.超拔、普渡法會 | | ○ | |
| | 7.初一、十五及仙聖壽誕誦經 | | ○ | |
| | 8.早晚課誦經 | | × | |
| | 9.總堂進香（農曆 2 月 18 日前後） | | × | |
| | 10.乩手問事 | | ○ | 二、五共修、扶鸞、問事 |
| | 11.扶鸞 | 早期 | ○ | |
| | | 目前 | ○ | |
| | 12.講經　宣道 | | ○ | |
| | 13.抽籤 | | × | |
| | 14.煆身 | | × | |
| | 15.蟠桃聖會 | | ○ | |
| | 16.母娘聖誕 | | ○ | |
| | 17.特殊活動（法會） | | | |

| | | | |
|---|---|---|---|
| 對瑤池金母普渡收圓定慧解脫真的見解與實踐 | 1.教化行善 | ○ | |
| | 2.誦經消災解厄 | ○ | |
| | 3.誦唸自悟 | ○ | |
| | 4.悟道修行 | ○ | |
| | 5.宣講傳揚 | ○ | |
| | 6.文化教育 | ○ | |
| | 7.公益慈善 | ○ | |
| 目前對瑤池金母的稱謂 | 1.無極瑤池金母大天尊（九字真言） | × | |
| | 2.瑤池金母 | ○ | |
| | 3.母娘、（bo'-a 姆阿） | ○ | |
| | 4.西王金母 | × | |
| | 5.王母娘娘 | × | |
| | 6.無極瑤池大聖西王金母大天尊 | ○ | |
| | 7.母娘慈悲 | × | |
| 特色 | 1.早年扶鸞盛行，出版《聖學龍華》（民 57）、《真宗寶鑒》（民 59）兩本鸞書，目前仍維持扶鸞。<br>2.分靈台南縣市 13 家慈惠堂。<br>3.重視誦經。 | | |

※訪談對象為堂主的姑姑，因罹患癌症，當日精神稍差，不久前才住院回來，目前堂務以誦經為主，初一十五有扶鸞，當日採集到他們的鸞文，為共修範文，書寫在黑板上，並拍攝到他們的鸞筆，歷史久遠，深具價值，陳女士曾因誦經，獲得感應，目前白天士農工商很少人到堂，節日或扶鸞時才有堂生到堂。

| 堂　　名 | 法華山慈惠堂（花蓮市吉安鄉） | | | |
|---|---|---|---|---|
| 訪問日期 | 97.7.1 | | | |
| 堂主 | 第一任羅瑞火（法華老人）、第二任溫滿妹 | | | |
| 開堂日期 | 民國 50 年 | | | |
| 佔地大小 | 約 300 坪 | | | |
| 開堂緣由 | 第一代羅堂主於民國 44 年臘月經李阿福介紹皈依瑤門，自此每晚到堂禮拜與訓練，自 22 歲所患之心臟與頭昏、多年之重症，一年以後從此解脫。羅堂主自號法華老人，並撰述慈惠堂創教緣起史料《瑤命皈盤》 | | | |
| | 1.密契經驗 | 2.神蹟顯化 | 3.療癒治病 | 4.解困釋疑 |
| | ○ | ○ | ○ | × |

| 信仰活動 | 活動項目 | | 有○ 無× | 備註 |
|---|---|---|---|---|
| | 1.安太歲 | | ○ | |
| | 2.光明燈 | | ○ | |
| | 3.制解 | | ○ | |
| | 4.收驚 | 米卦 | × | |
| | | 線香淨化 | ○ | 5 炷香畫符令收之 |
| | 5.祈安禮斗法會（俗稱　拜斗） | | ○ | |
| | 6.超拔、普渡法會 | | ○ | |
| | 7.初一、十五及仙聖壽誕誦經 | | ○ | |
| | 8.早晚課誦經 | | × | |
| | 9.總堂進香（農曆 2 月 18 日前後） | | × | |
| | 10.乩手問事 | | ○ | 堂主擔任 |
| | 11.扶鸞 | 早期 | ○ | 由目前之溫堂主扶寫 |
| | | 目前 | × | |
| | 12.講經　宣道 | | × | |
| | 13.抽籤 | | ○ | |
| | 14.煆身 | | ○ | |
| | 15.蟠桃聖會 | | ○ | |
| | 16.母娘聖誕 | | ○ | |
| | 17.特殊活動（法會） | | 血盆法會 | |
| 對瑤池金母普渡收圓定慧解脫真的見解與實踐 | 1.教化行善 | | ○ | |
| | 2.誦經消災解厄 | | ○ | |
| | 3.誦唸自悟 | | ○ | |
| | 4.悟道修行 | | ○ | |
| | 5.宣講傳揚 | | ○ | |
| | 6.文化教育 | | ○ | |
| | 7.公益慈善 | | ○ | |

| 目前對瑤池金母的稱謂 | 1.無極瑤池金母大天尊（九字眞言） | ○ | |
| --- | --- | --- | --- |
| | 2.瑤池金母 | ○ | |
| | 3.母娘、（bo'-a 姆阿） | ○ | |
| | 4.西王金母 | ✕ | |
| | 5.王母娘娘 | ✕ | |
| | 6.無極瑤池大聖西王金母大天尊 | ○ | |
| | 7.母娘慈悲 | ○ | |
| 特色 | 1.慈惠堂元老級分堂，出版《瑤命皈盤》。<br>2.民國50年扶鸞著書《瑤池金母普救坤道血盆眞經》。<br>3.以各項道法聞名慈惠堂，例收驚以五柱香直接書畫符令於身體或衣服或化淨水回家飲用。<br>4.早年曾舉辦朝山活動吸引各慈惠堂參加。<br>5.7月超渡法會參加者眾多。<br>6.每天誦經做早晚課，不同日子各有不同經本。 | | |

※據溫堂主說羅堂主曾在台東寶華山修煉 3 年，對信徒很好，會到家裡做收驚服務，每天子時上香誦經：母娘經、玉皇經，很認眞修煉。而溫堂主自13 歲起即跳僮辦事，14、15 歲時曾到總統府接受蔣中正的諮詢，同行的還有劉培忠、星雲。目前深具特色的大廟是在溫堂主手中建造完成，59 年動土，73 年入廟，溫堂主說以七萬元蓋起，蓋廟她哭了 3 個月。

※未建廟堂時（禾草茅屋），溫堂主和一位來好師姐都在醫治瘋子，頗有績效。當時年紀小，偶而心情不好，會跑到海邊吼叫，問母娘爲什麼這樣？

※溫堂主說自己所習得之法術，並無人師直接由母娘神授，學得很辛苦。

※拜母娘要守戒規不可逾越本分，不要一天到晚想得神通或自稱老大，子正母就靈，自然有法，還怕不發揮不顯化。

※母娘叫我們要認眞修行，才能回歸瑤池。母娘經教我們要守人倫綱常，孝悌仁愛。